中小学生健康指南

庞保珍　庞清洋　编著

中医古籍出版社
Publishing House of Ancient Chinese Medical Books

图书在版编目（CIP）数据

中小学生健康指南 / 庞保珍, 庞清洋编著. -- 北京: 中医古籍出版社, 2021.1
ISBN 978-7-5152-2203-5

Ⅰ.①中… Ⅱ.①庞… ②庞… Ⅲ.①中小学生—健康教育—指南 Ⅳ.①G479-62

中国版本图书馆CIP数据核字（2021）第003186号

中小学生健康指南

庞保珍　庞清洋　编著

责任编辑	李　炎
策划编辑	姚　强
封面设计	韩博玥
出版发行	中医古籍出版社
社　　址	北京市东城区东直门内南小街16号（100700）
电　　话	010-64089446（总编室）010-64002949（发行部）
网　　址	www.zhongyiguji.com.cn
印　　刷	北京市泰锐印刷有限责任公司
开　　本	880mm × 1230mm　1/32
印　　张	5.5　彩插8面
字　　数	113千字
版　　次	2021年1月第1版　2021年1月第1次印刷
书　　号	ISBN 978-7-5152-2203-5
定　　价	39.00元

2016年5月13日，庞保珍（右）拜见国医大师邓铁涛（左）

庞保珍大夫

实现中医梦

二〇一六.五.十三

邓铁涛题

国医大师邓铁涛为庞保珍题词

1988年，庞保珍（右）跟师柴嵩岩（左）学习

2019年10月24日，庞保珍（右）拜见恩师柴嵩岩（左）

庞保珍主任医师

大医精诚

柴嵩岩

2019.10.24

国医大师柴嵩岩为庞保珍题词

作者简介

庞保珍，历任世界中医药学会联合会男科专业委员会副会长、养生专业委员会副会长、一技之长专业委员会副会长、妇科专业委员会常务理事、生殖医学专业委员会常务理事；国际中医男科学会副主席；中华中医药学会生殖医学分会、男科分会、养生康复分会常务委员，妇科分会委员；中国性学会中医性学专业委员会常务委员；中国中医药研究促进会妇产科与辅助生育分会常务委员；山东中医药学会不孕不育专业委员会副主任委员；山东中西医结合学会男科专业委员会副主任委员、山东省激光医学会生殖医学专业委员会副主任委员等。

勤于笔耕，著作等身。与世界中医药学会联合会男科专业委员会创会会长曹开镛教授主持制订国内第一部中医男科标准，独立完成与主编《不孕不育中医治疗学》等专著30余部，主编的《中医生殖医学》荣获国家科学技术学术著作出版基金资助出版，2019年主编国内第一部《实用中西医生殖医学》。发表论文180多篇，其中，在SCI杂志发表生殖领域论文2篇(位次第一与通讯作者)。获国家级、地市级优秀学术、科技成果奖10余项；获不孕症领域2项国家发明专利（位次第一）；获“发展中医男科杰出贡献奖”；获2018年“山东省老科学技术工作者协会突出贡献奖”；获2019年聊城市“水城最美科技工作者”；获2019年“中国老科学技术工作者协会奖”。

健康热线：13606357986

庞保珍优生优育健康长寿智慧讲坛

序

中小学生是家庭和社会的希望，他们正处于世界观、人生观、健康观及各种良好习惯形成的关键时期，此一时期若能形成正确的养生观念、学习科学的养生知识、培育良好而全面的养生习惯和健康素养，将使他们受用一生，是有利于国家未来发展的大事，正所谓“少年强则国强”。习近平主席也曾谆谆寄语青少年：“始终保持积极的人生态度、良好的道德品质、健康的生活情趣。”实际上，良好健康素养和习惯的形成，自古以来就为养生家所提倡，如唐代养生家“药王”孙思邈言“百行周备，虽绝药饵足以遐年”，谆谆教诲后人，养生就是要养“行”，即将学到的养生知识在行为实践中固定成为自身良好的习惯，这是养生的重要途径，堪称养生之大要也！在当今时代，中医药的发展得到了国家的重视和扶持，积极鼓励中医药进入中小学生课堂，成为他们启蒙教育的一部分。那么中医药宝库中，何种学问生动有趣适合进入课堂呢？必当首选养生！养生不仅与健康相关，且养生文化有故事性，养生方法有参与性和趣味性，能潜移默化地使中小学生从健康角度了解中华传统文化，从生命高度形成对健康长寿的追求意识，从人生广度主动培育良好的生活习惯。健康是中小学生成才之本，但目前仍缺乏较全面、系统，且具通俗性、科学性、实用性于一体的指导中小学生健康成长的书籍，因此，我十分赞赏庞保珍医师出版《中小学生健康指南》一书，此实为利在千秋之举。

我与山东名中医药专家庞保珍主任医师相识多年，他博学多识，医技精深，成果丰硕，妇科与男科双馨，生殖养生造诣颇高。在临床、科研之余，他尚投身中医科普，笔耕不辍，著作等身，今又精心编著是书，以造福中小学生，其济世之情余甚赞叹之！

本书内容包括6个部分，即健康素养基本知识、健康行为与生活方式、疾病预防、心理健康、生长发育与青春期保健、安全应急与避险。全书内容系统、全面，且具有通俗性、科学性、实用性的特点，适合中小学生及家长阅读参考，亦可作为关注学生健康成长的广大教师阅读参考，故欣然为之序。

成都中医药大学

马烈光

岁在庚子仲秋

前言

中小学生是家庭和社会的希望，让每个中小学生拥有良好的健康素养并健康成长，是提升公民健康素养的基本保证，是健康中国的基本保证。健康是中小学生成才之本，没有健康的身体，将来就无法成为国家的栋梁之材。中小学生好像早晨八九点钟的太阳，中小学生只有身体健康，将来才能为家庭、为社会、为祖国的繁荣强大做更多的贡献。少年强则中国强。中小学生的健康成长已成为全社会普遍关注的大问题，但目前仍缺乏较全面、系统且集通俗性、科学性、实用性于一体的指导中小学生健康成长的书籍。

本书是专为普及中小学生健康教育、提高中小学生健康素养、助力中小学生健康成长而编写的参考读本。内容包括6个部分，即健康素养基本知识、健康行为与生活方式、疾病预防、心理健康、生长发育与青春期保健、安全应急与避险。本书内容系统、全面，具有通俗性、科学性、实用性的特点，适合中小学生及广大家长阅读参考，亦可作为关注学生健康成长的教师阅读参考。

在本书撰写之际，笔者有幸得到国医大师邓铁涛、柴嵩岩的亲笔题词与指导；中医养生学科创始人、世界中医药学会联合会养生专业委员会会长马烈光教授亲自为本书作序。在编写本书的过程中，笔者查阅了大量古今医籍、专著和医学期刊，采纳或引用了不少学者的研究成果，在此一并致以谢忱！笔者在编写过程中虽欲求尽善尽美，但书中仍难免存在疏漏之处，祈望同道和读者斧正。

庞保珍

2020年4月26日

目录

第三章
疾病预防

第四章
心理健康

第五章
生长发育与青春期保健

第六章
安全应急与避险

1

第一章

基本知识

一、什么是健康

世界卫生组织在1948年明确提出："健康不仅是没有疾病和虚弱，而是身体健康、心理健康和社会适应的完美状态。"说明人的健康包含以下三层含义。

一是身体健康，即生理状态良好，人体的各个器官、系统的功能正常，没有疾病和躯体残缺。

二是心理健康，即有良好的个性，良好的处事能力和良好的人际关系。

三是社会健康，即能很好地适应周围的环境和社会生活的各方面，自己的思想、情感和行为能适应社会的变化，与社会环境的要求相一致。

二、什么是健康的生活方式

广义的生活方式包括人们日常生活中各方面的行为习惯。从健康的角度讲，生活方式指人们日常生活中与健康相关的行为习惯。生活方式可能是有益于健康的，如合理膳食、适当运动等；也可能是不利于健康的，如吸烟、缺乏运动、高脂膳食、不吃早餐等，它们与某些疾病，尤其是慢性非传染性疾病的发生密切相关。健康的生活方式就是人们日常生活中有益于健康的行为习惯。

三、健康素养是怎么回事

健康素养是指个人获取、理解、处理基本健康信息和服务，并运用这些信息与服务做出有利于健康的决策，以维护和促进自身健康的能力。

四、《中国公民健康素养——基本知识与技能（2015年版）》

2008年1月，卫生部发布了第3号公告《中国公民健康素养——基本知识与技能（试行）》，这是国际上第一个有关公民健康素养的政府文件。

2009年，卫生部妇社司在中国大陆组织公民健康素养水平抽样调查，调查结果显示：中国公民健康素养的整体水平仅为6.48%。

2011年，卫生部制定“十二五”规划时提出：到2015年，我国城乡居民健康素养水平由6.48%提高到10%。

为了实现这一目标，卫生部在制定基本公共卫生健康教育服务规范之际，把宣传普及《中国公民健康素养——基本知识与技能（试行）》列为健康教育的第一条内容。

针对近些年来我国居民主要健康问题及健康需求的变化，国家卫生和计划生育委员会（简称卫计委）组织专家，对2008年卫生部发布的《中国公民健康素养——基本知识与技能（试行）》进行了修订，此次修订工作根据

“总体框架保持不变，更新完善，查漏补缺”的原则，先后组织了近百名专家，历时一年多最终完成。于2015年12月30日由卫计委办公厅正式印发《中国公民健康素养——基本知识与技能（2015年版）》（以下简称《健康素养66条》（2015年版），提出了现阶段我国城乡居民应该具备的基本健康知识与理念、健康生活方式与行为、基本健康技能，重点增加了近几年凸显出来的健康问题：比如精神卫生问题、慢性病防治问题、安全与急救问题、科学就医与合理用药问题等，此外，还增加了关爱妇女生殖健康，健康信息的获取、甄别与利用等知识，是各级卫生计生部门、医疗卫生专业机构、社会机构、大众媒体等向公众进行健康教育与开展健康传播的重要依据。

《健康素养66条》（2015年版）从基本健康知识和理念、健康生活方式与行为、基本健康技能三个方面界定了我国公民健康素养的基本内容，是评价我国公民健康素养水平的重要依据。分为三个部分：第一部分是基本知识和理念，共25条；第二部分是健康生活方式与行为，共29条；第三部分是基本技能，共12条；共66条。

（一）基本知识和理念

1.健康不仅仅是没有疾病或虚弱，而是身体、心理和社会适应的完好状态。

2.每个人都有维护自身和他人健康的责任，健康的生活方式能够维护和促进自身健康。

3.环境与健康息息相关，保护环境，促进健康。

4.无偿献血，助人利己。

5.每个人都应当关爱、帮助、不歧视病残人员。

6.定期进行健康体检。

7.成年人的正常血压为收缩压≥90mmHg且<140mmHg，舒张压≥60mmHg且<90mmHg；腋下体温36℃～37℃；平静呼吸16～20次/分；心率60～100次/分。

8.接种疫苗是预防一些传染病最有效、最经济的措施，儿童出生后应当按照免疫程序接种疫苗。

9.在流感流行季节前接种流感疫苗可减少患流感的机会或减轻患流感后的症状。

10.艾滋病、乙肝和丙肝通过血液、性接触和母婴三种途径传播，日常生活和工作接触不会传播。

11.肺结核主要通过病人咳嗽、打喷嚏、大声说话等产生的飞沫传播；出现咳嗽、咳痰2周以上，或痰中带血，应当及时检查是否得了肺结核。

12.坚持规范治疗，大部分肺结核病人能够治愈，并能有效预防耐药结核的产生。

13.在血吸虫病流行区，应当尽量避免接触疫水；接触疫水后，应当及时进行检查或接受预防性治疗。

14.家养犬、猫应当接种兽用狂犬病疫苗；人被犬、猫抓伤、咬伤后，应当立即冲洗伤口，并尽快注射抗狂犬病免疫球蛋白（或血清）和人用狂犬病疫苗。

15.蚊子、苍蝇、老鼠、蟑螂等会传播疾病。

16.发现病死禽畜要报告，不加工、不食用病死禽畜，不食用野生动物。

17.关注血压变化，控制高血压危险因素，高血压患者要学会自我健康管理。

18.关注血糖变化，控制糖尿病危险因素，糖尿病患者应当加强自我健康管理。

19.积极参加癌症筛查，及早发现癌症和癌前病变。

20.每个人都可能出现抑郁和焦虑情绪，正确认识抑郁症和焦虑症。

21.关爱老年人，预防老年人跌倒，识别老年期痴呆。

22.选择安全、高效的避孕措施，减少人工流产，关爱妇女生殖健康。

23.保健食品不是药品，正确选用保健食品。

24.劳动者要了解工作岗位和工作环境中存在的危害因素，遵守操作规程，注意个人防护，避免职业伤害。

25.从事有毒有害工种的劳动者享有职业保护的权利。

（二）健康生活方式与行为

26.健康生活方式主要包括合理膳食、适量运动、戒烟限酒、心理平衡四个方面。

27.保持正常体重，避免超重与肥胖。

28.膳食应当以谷类为主，多吃蔬菜、水果和薯类，注意荤素、粗细搭配。

29.提倡每天食用奶类、豆类及其制品。

30.膳食要清淡，要少油、少盐、少糖，食用合格碘盐。

31.讲究饮水卫生，每天适量饮水。

32.生、熟食品要分开存放和加工，生吃蔬菜水果要洗净，不吃变质、超过保质期的食品。

33.成年人每日应当进行6～10千步当量的身体活动，动则有益，贵在坚持。

34.吸烟和二手烟暴露会导致癌症、心血管疾病、呼吸系统疾病等多种疾病。

35.“低焦油卷烟”“中草药卷烟”不能降低吸烟带来的危害。

36.任何年龄戒烟均可获益，戒烟越早越好，戒烟门诊可提供专业戒烟服务。

37.少饮酒，不酗酒。

38.遵医嘱使用镇静催眠药和镇痛药等成瘾性药物，预防药物依赖。

39.拒绝毒品。

40.劳逸结合，每天保证7～8小时睡眠。

41.重视和维护心理健康，遇到心理问题时应当主动寻求帮助。

42.勤洗手、常洗澡、早晚刷牙、饭后漱口，不共用毛巾和洗漱用品。

43.根据天气变化和空气质量，适时开窗通风，保持室内空气流通。

44.不在公共场所吸烟、吐痰，咳嗽、打喷嚏时遮掩口鼻。

45.农村使用卫生厕所，管理好人畜粪便。

46.科学就医，及时就诊，遵医嘱治疗，理性对待诊疗结果。

47.合理用药，能口服不肌注，能肌注不输液，在医生指导下使用抗生素。

48.戴头盔、系安全带，不超速、不酒驾、不疲劳驾驶，减少道路交通伤害。

49.加强看护和教育，避免儿童接近危险水域，谨防溺水。

50.冬季取暖注意通风，谨防煤气中毒。

51.主动接受婚前和孕前保健，孕期应当至少接受5次产前检查并住院分娩。

52.孩子出生后应当尽早开始母乳喂养，满6个月时合理添加辅食。

53.通过亲子交流、玩耍促进儿童早期发展，发现心理和行为发育问题要尽早干预。

54.青少年处于身心发展的关键时期，要培养健康的行为生活方式，预防近视、超重与肥胖，避免网络成瘾和过早性行为。

（三）基本技能

55.关注健康信息，能够获取、理解、甄别、应用健康信息。

56.能看懂食品、药品、保健品的标签和说明书。

57.会识别常见的危险标识，如高压、易燃、易爆、剧毒、放射性、生物安全等，远离危险物。

58.会测量脉搏和腋下体温。

59.会正确使用安全套，减少感染艾滋病、性病的危险，防止意外怀孕。

60.妥善存放和正确使用农药等有毒物品，谨防儿童接触。

61.寻求紧急医疗救助时拨打120，寻求健康咨询服务时拨打12320。

62.发生创伤出血量较多时，应当立即止血、包扎；对怀疑骨折的伤员不要轻易搬动。

63.遇到呼吸、心跳骤停的伤病员，会进行心肺复苏。

64.抢救触电者时，要首先切断电源，不要直接接触触电者。

65.发生火灾时，用湿毛巾捂住口鼻、低姿逃生；拨打火警电话119。

66.发生地震时，选择正确避震方式，震后立即开展自救互救。

五、教育部《中小学生健康教育指导纲要》

依据《中国公民健康素养——基本知识与技能（试行）》及新时期学校健康教育的需求，为贯彻落实《中共中央国务院关于加强青少年体育增强青少年体质的意见》（中发〔2007〕7号）对健康教育提出的工作要求，进一步加强学校健康教育工作，培养学生的健康意识与公共卫生意识，掌握健康知识与技能，促进学生养成健康的行为和生活方式。教育部于2008年12月印发《中小学生健康教育指导纲要》（教体艺〔2008〕12号），提出中小学校健康教育内容包括5个领域，即健康行为与生活方式、疾病预防、心理健康、生长发育与青春期保健、安全应急与避险。此外，根据青少年生长发育的不同阶段，依照小学低年级、小学中年级、小学高年级、初中年级、高中年级5

级水平，把5个领域的内容合理分配到5级水平中，分别为水平一（小学1～2年级）、水平二（小学3～4年级）、水平三（小学5～6年级）、水平四（初中7～9年级）、水平五（高中10～12年级）。5个水平互相衔接，共同完成中小学校健康教育的总体目标。

以下资料来源于教育部《中小学生健康教育指导纲要》。

（一）水平一（小学1～2年级）

1.目标

知道个人卫生习惯对健康的影响，初步掌握正确的个人卫生知识；了解保护眼睛和牙齿的知识；知道偏食、挑食对健康的影响；养成良好的饮水、饮食习惯；了解自己的身体，学会自我保护；学会加入同伴群体的技能，能够与人友好相处；了解道路交通和玩耍中的安全常识，掌握一些简单的紧急求助方法；了解环境卫生对个人健康的影响，初步树立维护环境卫生意识。

2.基本内容

（1）健康行为与生活方式：不随地吐痰，不乱丢果皮纸屑等垃圾；咳嗽、打喷嚏时遮掩口鼻；勤洗澡、勤换衣、勤洗头、勤剪指甲（包含头虱的预防）；不共用毛巾和牙刷等洗漱用品（包含沙眼的预防）；不随地大小便，饭前便后要洗手；正确的洗手方法；正确的身体坐、立、行姿势，预防脊柱弯曲异常；正确的读写姿势；正确做眼保健操；每天早晚刷牙，饭后漱口；正确的刷牙方法以及选择适宜的牙刷和牙膏；预防龋齿（认识龋齿的成因、注意口腔卫生、定期检查）；知晓每日适宜饮水量，提倡喝白开水；吃好早餐，一日三餐有规律；偏食、挑食对健康的影响；经常喝牛奶、食用豆类及豆制品有益生长发育和健康；经常开窗通气有利健康；文明如厕、自觉维护厕所卫生；知道蚊子、苍蝇、老鼠、蟑螂等会传播疾病。

（2）疾病预防：接种疫苗可以预防一些传染病。

（3）心理健康：日常生活中的礼貌用语，与同学友好相处技能。

（4）生长发育与青春期保健：生命孕育、成长基本知识，知道“我从哪里来”。

（5）安全应急与避险：常见的交通安全标志；行人应遵守的基本交通规则；乘车安全知识；不玩危险游戏，注意游戏安全；燃放鞭炮要注意安全；不玩火，使用电源要注意安全；使用文具、玩具要注意卫生安全；远离野生动物，不与宠物打闹；家养犬要注射疫苗；发生紧急情况，会拨打求助电话（医疗求助电话：120，火警电话：119，匪警电话：110）。

（二）水平二（小学3～4年级）

1.目标

进一步了解保护眼睛、预防近视眼知识，学会合理用眼；了解食品卫生基本知识，初步树立食品卫生意识；了解体育锻炼对健康的作用，初步学会合理安排课外作息时间；初步了解烟草对健康的危害；了解肠道寄生虫病、常见呼吸道传染病和营养不良等疾病的基本知识及预防方法；了解容易导致意外伤害的危险因素，熟悉常见的意外伤害的预防与简单处理方法；了解日常生活中的安全常识，掌握简单的避险与逃生技能；初步了解生命的意义和价值，树立保护生命的意识。

2.基本内容

（1）健康行为与生活方式：读书写字、看电视、用电脑的卫生要求；预防近视（认识近视的成因、学会合理用眼、注意用眼卫生、定期检查）；预防眼外伤；不吃不洁、腐败变质、超过保质期的食品；生吃蔬菜水果要洗净；人体所需的主要营养素；体育锻炼有利于促进生长发育和预防疾病；睡眠卫生要求；生活垃圾应该分类放置；烟草中含有多种有害于健康的物质，避免被动吸烟。

（2）疾病预防：蛔虫、蛲虫等肠道寄生虫病对健康的危害与预防；营养不良、肥胖对健康的危害与预防；认识传染病（重点为传播链）；常见呼吸道传染病（流感、水痘、腮腺炎、麻疹、流脑等）的预防；冻疮的预防（可根据地方实际选择）；学生应接种的疫苗。

（3）生长发育与青春期保健：人的生命周期包括出生、发育、成熟、衰老、死亡；初步了解身体主要器官的功能，学会保护自己。

（4）安全应急与避险：游泳和滑冰的安全知识；不乱服药物，不乱用化妆品；火灾发生时的逃生与求助；地震发生时的逃生与求助；动物咬伤或抓伤后应立即冲洗伤口，及时就医，及时注射狂犬疫苗；鼻出血的简单处理；简便止血方法（指压法、加压包扎法）。

（三）水平三（小学5～6年级）

1.目标

了解健康的含义与健康的生活方式，初步形成健康意识；了解营养对促进少年生长发育的意义，树立正确的营养观；了解食品卫生知识，养成良好的饮食卫生习惯；了解烟草对健康的危害，树立吸烟有害健康的意识；了解毒品危害的简单知识，远离毒品危害；掌握常见肠道传染病、虫媒传染病基本知识和预防方法，树立卫生防病意识；了解常见地方病如碘缺乏病、血吸虫病对健康的危害，掌握预防方法；了解青春期生理发育基本知识，初步掌握相关的卫生保健知识；了解日常生活中的安全常识，学会体育锻炼中的自我监护，提高自我保护的能力。

2.基本内容

（1）健康行为与生活方式：健康的生活方式（主要包括合理膳食、适量运动、戒烟限酒、心理平衡）；膳食应以谷类为主，多吃蔬菜水果和薯类，注意荤素搭配；日常生活饮食应适度，不暴饮暴食，不盲目节食，适当零食；购买包装食品应注意查看生产日期、保质期、包装有无胀包或破损，不购买无证摊贩食品；容易引起食物中毒的常见食品（发芽土豆、不熟扁豆和豆浆、毒蘑菇、新鲜黄花菜、河豚等）；不采摘、不食用野果、野菜；体育锻炼时自我监护的主要内容（主观感觉和客观检查的指标）；发现视力异常，应到正规医院眼科进行视力检查、验光，注意配戴眼镜的卫生要求；了解吸烟和被动吸烟会导致癌症、心血管疾病、呼吸系统疾病等多种疾病；不吸烟、不饮酒；了解常见毒品的名称，知晓毒品对个人和家庭的危害、自我保护的常识和简单方法，能够远离毒品。

（2）疾病预防：了解贫血对健康的危害与预防；了解常见肠道传染病（细菌性痢疾、伤寒与副伤寒、甲型肝炎等）的预防；了解疟疾的预防；了解流行性出血性结膜炎（红眼病）的预防；了解碘缺乏病对人体健康的危害；知晓食用碘盐可以预防碘缺乏病；了解血吸虫病的预防（可根据地方实际选择）。

（3）心理健康：保持自信，培养自立能力。

（4）生长发育与青春期保健：掌握青春期的生长发育特点；了解男女少年在青春发育期的差异（男性、女性第二性征的具体表现）；了解女生月经初潮及意义（月经形成以及周期计算）；了解男生首次遗精及意义；掌握变声期的保健知识；掌握青春期的个人卫生知识；了解体温、脉搏测量方法及其测量的意义。

（5）安全应急与避险：掌握交通安全常识；了解常见的危险标识（如高压、易燃、易爆、剧毒、放射性、生物安全），远离危险物；了解煤气中毒的发生原因和预防；了解触电、雷击的预防；掌握中暑的预防和处理；掌握轻微烫烧伤和割、刺、擦、挫伤等的自我处理；提高网络安全防范意识。

（四）水平四（初中阶段）

1.目标

了解生活方式与健康的关系，建立文明、健康的生活方式；进一步了解平衡膳食、合理营养意义，养成科学、营养的饮食习惯；了解充足睡眠对青少年生长发育的重要意义；了解预防食物中毒的基本知识；进一步了解常见传染病预防知识，增强卫生防病能力；了解艾滋病基本知识和预防方法，熟悉毒品预防基本知识，增强抵御毒品和艾滋病的能力；了解青春期心理变化特点，学会保持愉快情绪和增进心理健康；进一步了解青春期发育的基本知识，掌握青春期卫生保健知识和青春期常见生理问题的预防和处理方法；了解什么是性侵害，掌握预防方法和技能；掌握简单的用药安全常识；学会自救互救的基本技能，提高应对突发事件的能力；了解网络使用的利弊，合理利用网络。

2.基本内容

（1）健康行为与生活方式：知晓不良生活方式有害健康，慢性非传染性疾病（恶性肿瘤、冠心病、糖尿病、脑卒中）的发生与不健康的生活方式有关；积极补充充足的营养素，保证生长发育的需要；了解保证充足的睡眠有利于生长发育和健康（小学生每天睡眠时间10小时，初中生每天睡眠时间9小时，高中生每天睡眠时间8小时）；了解食物中毒的常见原因（细菌性、化学性、有毒动植物等）；掌握保存食品的方法，知晓腐败变质食品会引起食物中毒；掌握拒绝吸烟、饮酒的技巧；了解毒品对个人、家庭和社会的危害；掌握拒绝毒品的方法。

（2）疾病预防：了解乙型脑炎的预防；了解疥疮的预防；了解肺结核病的预防；了解肝炎的预防（包括甲型肝炎、乙型肝炎、丙型肝炎等）；了解艾滋病的基本知识和预防方法；判断安全行为与不安全行为，掌握拒绝不安全行为的技巧；学会如何寻求帮助的途径和方法；掌握与预防艾滋病相关的青春期生理和心理知识。

（3）心理健康：知晓不良情绪对健康的影响；掌握调控情绪的基本方法；建立自我认同，客观认识和对待自己；根据自己的学习能力和状况确定合理的学习目标；掌握异性交往的原则。

（4）生长发育与青春期保健：热爱生活，珍爱生命；掌握青春期心理发育的特点和变化规律，正确对待青春期心理变化；了解痤疮发生的原因、预防方法；掌握月经期间的卫生保健常识、痛经的症状及处理；了解选择和佩戴适宜的胸罩的知识。

（5）安全应急与避险：培养良好就医行为和遵医行为；不擅自服用、不滥用镇静催眠等成瘾性药物；不擅自服用止痛药物；掌握毒物中毒的应急处理；掌握溺水的应急处理；了解骨折简易应急处理知识（固定、搬运）；识别容易发生性侵害的危险因素，保护自己不受性侵害；预防网络成瘾。

（五）水平五（高中阶段）

1.目标

了解中国居民膳食指南，了解常见食物的选购知识，进一步了解预防艾滋病基本知识，正确对待艾滋病病毒感染者和患者；学会正确处理人际关系，培养有效的交流能力，掌握缓解压力等基本的心理调适技能；进一步了解青春期保健知识，认识婚前性行为对身心健康的危害，树立健康文明的性观念和性道德。

2.基本内容

（1）健康行为与生活方式：了解食品选购基本知识；了解中国居民膳食指南的内容。

（2）疾病预防：了解艾滋病的预防知识和方法；了解艾滋病的流行趋势及其对社会经济带来的危害；了解HIV感染者与艾滋病患者的区别；了解艾滋病的窗口期和潜伏期；掌握无偿献血知识；不歧视艾滋病病毒感染者与患者。

（3）心理健康：了解合理宣泄与倾诉的适宜途径，客观看待事物；掌握人际交往中的原则和方法，做到主动、诚恳、公平、谦虚、宽厚地与人交往；掌握缓解压力的基本方法；认识竞争的积极意义；正确应对失败和挫折；正确应对考试等特殊时期常见的心理问题。

（4）生长发育与青春期保健：热爱生活，珍爱生命；了解青春期常见的发育异常，如发现异常要及时就医；避免婚前性行为。

（5）安全应急与避险：了解网络交友的利与弊等。

2

第二章

健康行为与生活方式

一、基本健康行为是什么

基本健康行为是合理膳食、适量运动、戒烟限酒（中小学生不要饮酒）、疫苗接种、日常卫生、合理用药等。

二、讲究个人卫生

（一）饭前便后要洗手

手上有很多的细菌，不洗手就去拿东西吃很容易生病，所以在饭前、便后要洗手。怎样洗手才能洗得干净呢？如果条件许可，尽可能用清洁的流动水来洗手：两手打湿之后，均匀地抹上洗手液或肥皂，搓揉出丰富的泡沫，然后在水龙头下冲洗干净。

（二）勤换衣服勤洗澡

洗澡能洗掉积汗与污垢，利于健康；洗澡还能加快皮肤和肌肉的血液循环，消除疲劳。洗澡时水温保持在38℃为宜，最好不要超过40℃。一般冬天至少一周洗一次澡，夏天要天天洗澡。

脏衣服上面附有灰尘、汗液与细菌等，不利于健康，应及时换洗；内衣更要勤换洗，尤其要勤换洗内裤。

（三）不随地吐痰

痰里有很多病毒与细菌，随地吐痰会传播感冒、肺结核等呼吸道传染病，还会污染地面，是一种不文明的行为，因此，要养成不随地吐痰的好习惯。

如果有痰，应吐到痰盂里，或者吐到废纸里包起来，再扔进垃圾桶。将痰咽回肚子里、吐在墙角、吐在地上用鞋抹掉均是错误的做法。因为痰里有细菌与病毒，咽回肚子里不利于健康；吐到墙角更加提供了细菌及病毒滋生的环境；吐在地上用鞋抹掉，不但不能杀死细菌与病毒，反而让细菌及病毒随鞋子带到更多的地方。

（四）常剪指甲

手每天接触很多东西，会沾上细菌、病毒与寄生虫卵等，指甲缝更是藏污纳垢、潜藏细菌和病毒的地方，而洗手通常不能将指甲缝里的脏东西清洗干净。因此，要养成常剪指甲的好习惯。指甲剪短了，手也容易洗干净了，用手拿东西吃就不容易生病了。

（五）咳嗽、打喷嚏时遮掩口鼻

在大声说话或咳嗽、打喷嚏时，口腔或鼻腔会喷出大量飞沫。患有流感、肺结核等呼吸道传染病的患者排出的飞沫中含有大量的病毒与细菌，这些飘浮在空气中的带菌飞沫，如果被健康人吸入，就可能患病。因此，日常生活中每个人都要养成不直接面对周围人咳嗽、打喷嚏与大声说话的习惯，要随身携带手帕或纸巾，在咳嗽或打喷嚏时用手帕或纸巾捂住嘴，并将用过的纸巾丢进垃圾桶，手帕要及时清洗干净。

（六）学会科学保护眼睛

不要用脏手揉眼睛，不要与别人共用洗脸毛巾，毛巾要经常清洗晾晒。如果眼睛发红、肿胀或有脓等，要尽快去正规医院请眼科医生诊治。

眼睛里如果进入脏东西，通常采用清洁的水冲洗，或用干净柔软的湿布，或用干净的湿棉球，将眼睛里的脏东西或沙子弄出来。

平常看书、写字姿势要正确，同时注意光线不要太暗；看书、看电视、玩电脑的时间不要过长，要注意预防近视等。

适量食用富含维生素A的食物对视力有帮助，深绿色蔬菜、红色与黄色的水果中富含维生素A，如西红柿、胡萝卜等。

（七）学会科学保护耳朵与听力

耳朵主管听觉与平衡觉。一个人的耳朵如果出了问题就会听不清甚至完全听不见声音，平衡能力也会减弱，严重影响正常的生活与学习，因此，要学会保护自己的耳朵。

麻疹、脑膜炎、风疹与腮腺炎的并发症可以造成耳聋，儿童期科学接种预防上述传染病的疫苗是预防听力损伤的关键。

链霉素、卡那霉素、新霉素、庆大霉素等氨基糖苷类抗生素、水杨酸盐类止痛药对耳朵均有毒性，也可以造成听力损伤与耳聋，生病用药时要尽量避免使用这些耳毒性药物。

不能随便掏耳朵，以免损伤鼓膜，甚至造成感染。如果耵聍栓塞（耳屎堵在耳朵眼里）及外耳道有异物，要及时去正规医院，请专科医生帮忙取出。

注意避开噪声污染。过强的噪声，包括机器轰鸣声、音乐声过大，或其他噪声过大，如枪声或爆炸声，均有可能损害内耳道，导致听力减弱。喜欢玩电脑游戏的同学要特别注意，声音不要调得过大。

已经有听力障碍的同学，要配置适当的助听器，并学会正确的使用方法。

（八）注意口腔卫生

1.每天至少刷牙两次（早晚），晚上睡前刷牙更重要。

2.做到“一人一刷一口杯”，避免交互交叉感染疾病。

3.提倡使用保健牙刷，每3个月更换一次牙刷。如果牙刷毛发生弯曲或倒伏，会对口腔的软硬组织造成损伤，需要立即更换。

4.使用正确的刷牙方法能有效清除牙龈沟内牙菌斑。

5.刷牙后应采用清水冲洗牙刷，并将刷毛上的水分甩干，刷头向上放在口杯中，置于通风处。

6.饭后或平时吃食物后，应温水漱口，去除口腔内的食物残渣，保持口腔清洁。

7.提倡使用含氟牙膏。含氟牙膏是安全、有效的防龋措施，尤其适合于有患龋倾向的儿童和老年人使用。学龄前儿童使用含氟牙膏刷牙，应在家长或老师的监督指导下应用，以防误吞。

（九）注意居室卫生

居室应该保持适宜的温度与湿度，光线充足，通风良好，空气清洁，安静整洁，生活方便。室内酌情绿化。从小就应该养成良好的卫生习惯，家中勤打扫，勤开窗通风，勤洗晒衣服卧具。保持灶具、食具清洁，特别要注意生熟食具分开，居室内无“四害”（即蚊子、老鼠、苍蝇、蟑螂）。

室内自然光不足，可采用人工照明来补充。居室照明应做到：使用安全、照度足够、光源固定、避免耀眼、光谱接近日光的灯具；悬挂地点及高度要适当；配置必要的灯罩。

三、注意饮食卫生

（一）饮食卫生知识

1.不喝生水

生水中含有许多细菌、病毒、寄生虫卵等，喝生水容易造成腹泻等疾病。经烧开后，水中的细菌、病毒、寄生虫卵就被杀死了，喝起来就安全了。

河水、湖水、溪水、塘水等即使看起来很清澈干净，也可能含有许多致病微生物、寄生虫卵或有毒化学物质等，必须经过科学净化、消毒处理，经检验合格后才能饮用。

2.最好的饮料是白开水

家长在孩子最初成长的2～3年内，最好不要让孩子接触饮料，孩子自然就会养成爱喝白开水的好习惯。

3.不吃苍蝇叮过的食物

苍蝇会携带大量的细菌，吃了被苍蝇叮过的食物后，容易造成腹泻等疾病，因此，不要吃苍蝇叮过的食物。

4.不吃小摊贩卖的“三无食品”

流动小摊贩卖的食品，通常是自制的或非正规厂家生产的，卫生无法保证，特别是在夏天更无法保证低温冷藏，若吃这些食品容易生病。

5.生吃瓜果要洗净

因为瓜果表面可能沾有灰尘、细菌、农药等，所以要用清水洗干净后再吃，以免生病。

6.吃熟食

一般食物经适当的烧熟煮透后能杀灭原有的细菌，也易于消化吸收。

7.不吃变味的食品

食物腐败变质后，产生异味，不仅失去了原有的营养价值，而且可能滋生细菌、毒素等，对身体有害，吃了容易造成食物中毒。

8.适量食用蔬菜与水果

多吃鱼、肉等荤菜，不吃或少吃蔬菜、水果，这是不对的。蔬菜与水果含有丰富的维生素、微量元素及膳食纤维，它们提供的营养是其他食物无法替代的，中小学生每天要适量食用蔬菜与水果，才能满足生长发育的需求。

9.少吃零食与甜食

零食的营养不全面，甜食容易引发龋齿与肥胖，若经常吃零食、甜食会影响正常的一日三餐食物的摄入，时间长了就会影响身心健康。

10.预防肥胖

肥胖儿童如果不科学减肥，长大后容易患高血压、糖尿病等疾病。要想健康长寿，就要从小保持正常的体重。一日三餐既要营养丰富，又不能吃得太多，要合理膳食，注意多参加体育活动，保持进食量与运动量的平衡，使体重维持在正常的范围。

11.应重视吃早餐

吃好早餐对学生的学习有利。一般上午学习任务较重，应该补充足够的热量与各种营养素。若吃好早餐，则精力充沛、学习效率高；若不吃早餐，则会感到头昏乏力，注意力不集中，反应迟钝，记忆力下降等，影响学习，有时甚至会因血糖太低而晕倒。

有的学生害怕长胖，常常不吃早饭，结果却事与愿违。因为早上不吃饭，到中午时肚子特别饿，午饭往往吃得过多，而且这个时候，胃肠的吸收功能也很强，造成体脂增多，反而更加肥胖，因此要重视吃早餐，并且要合理膳食。早餐不仅要吃饱，而且要吃好。光吃大饼、油条不行，光喝牛奶、吃鸡蛋也不行，科学合理的早餐应该是包括各类食物的平衡膳食。食物中既要有适量米、面等主要提供热能的食物，还要有适量提供优质蛋白质的食物（如牛奶、鸡蛋、豆浆、瘦肉等），最好搭配适量蔬菜水果。

12.不要迷恋“洋快餐”

西式快餐店越开越多，不少人特别是青少年频频光顾。目前西式快餐主要包括汉堡包、炸鸡、炸薯条、冰淇淋、可乐等，这类食物的营养素构成可概括为“三高一低”，即高热能、高脂肪、高蛋白质、低纤维素。经常吃这类快餐，虽然能获得优质的蛋白质，但能量的摄入会超过人体需要很多，多余的能量就会转变成脂肪在体内贮存，从而造成肥胖，且摄入的大量饱和脂肪酸还会使心血管疾病的发生率增高。据统计，我国肥胖儿童有逐年增多的趋势，这与西式快餐的流行、含糖高的饮料的普及有一定关系。因此，中小学生在吃西式快餐时要掌握一定的度，同时要适量搭配一些快餐中缺乏的食物种类，如新鲜蔬菜等，以保证均衡的营养摄入。

13.喝饮料要适量

若经常喝饮料，人体从饮料中摄取了过量的糖分，血液中的糖浓度将一直保持在高水平状态，就没有饥饿感，影响正常吃饭，从而影响其他营养素的摄入；且经常喝饮料也是造成青少年肥胖的原因之一。另外，大部分饮料呈酸性且含糖，多喝会增加患龋齿的概率；饮料中还含有色素、香精等，而人体摄入过多的人工合成香精、色素是有害的。

因此，喝饮料一定要适量。牛奶和100%纯果汁含矿物质与维生素较丰富，平常可适量选用一些，但千万不要养成只喝饮料不喝水的坏习惯。最好的饮料是白开水。

14.不随便吃野菜、野果

野菜、野果的种类很多，有的含有对人体有害的毒素，如果误食了含有毒素的野菜、野果就会导致中毒，甚至死亡，缺乏经验的人很难辨别清楚，只有不随便吃野菜、野果，才能避免中毒，确保安全。

15.怎样预防食物中毒

俗话说“病从口入”，预防食物中毒的关键在于把好饮食关。

从小养成良好的个人卫生习惯。勤洗手、不喝生水。

不要随意采捕、食用不熟悉、不认识的动物、植物（野蘑菇、野果、野菜等）。

外出就餐时要选择有《餐饮服务许可证》的餐饮单位，不到无证无照的流动摊档与卫生条件差的饮食店。

不吃毛蚶、泥蚶、魁蚶、炝虾等违禁生食水产品。

不到无证摊贩处购买食品。不买无商标、无出厂日期、无生产单位、无保质期限等标签的包装食品。

瓜果、蔬菜生吃时要洗净。

食用肉类食物要煮熟，防止外熟内生。

不吃腐败变质的食物等。

（二）合理膳食

1.一般人群膳食指南

《中国居民膳食指南（2016）》之“一般人群膳食指南”关键推荐：

（1）食物多样，谷类为主

● 每天的膳食应包括谷薯类、蔬菜水果类、畜禽鱼蛋奶类、大豆坚果类等食物。

● 平均每天至少摄入12种以上食物，每周25种以上。

● 每天摄入谷薯类食物250～400g，其中，全谷物和杂豆类50～150g，薯类50～100g。

● 食物多样、谷类为主是平衡膳食模式的重要特征。

（2）吃动平衡，健康体重

● 各年龄段人群都应天天运动、保持健康体重。

● 食不过量，控制总能量摄入，保持能量平衡。

● 坚持日常身体活动，每周至少进行5次中等强度身体活动，累计150分钟以上；主动活动身体，最好每天6000步。

● 减少久坐时间，每小时起来动一动。

（3）多吃蔬果、奶类、大豆

● 蔬菜水果是平衡膳食的重要组成部分，奶类富含钙，大豆富含优质蛋白质。

● 餐餐有蔬菜，保证每天摄入300～500g蔬菜，深色蔬菜应占1/20。

● 天天吃水果，保证每天摄入200～350g新鲜水果，果汁不能代替鲜果。

● 吃各种各样的奶制品，相当于每天喝液态奶300g。

● 经常吃豆制品，适量吃坚果。

（4）适量吃鱼、禽、蛋、瘦肉

● 鱼、禽、蛋和瘦肉的摄入要适量。

● 每周吃鱼280～525g，畜禽肉280～525g，蛋类280～350g，平均每天摄入总量120～200g。

● 优先选择鱼和禽。

● 吃鸡蛋不弃蛋黄。

● 少吃肥肉、烟熏和腌制肉制品。

（5）少盐少油，控糖限酒

- 培养清淡饮食习惯，少吃高盐和油炸食品。成人每天摄入食盐不超过6g，每天摄入烹调油25～30g。
- 控制添加糖的摄入量，每天摄入不超过50g，最好控制在25g以下。
- 每日反式脂肪酸摄入量不超过2g。
- 足量饮水，成年人每天喝7～8杯（1500～1700mL），提倡饮用白开水和茶水；不喝或少喝含糖饮料。
- 儿童、少年、孕妇、乳母不应饮酒。成人如饮酒，男性一天饮用酒的酒精量不超过25g，女性不超过15g。

（6）杜绝浪费，兴新食尚

- 珍惜食物，按需备餐，提倡分餐不浪费。
- 选择新鲜卫生的食物和适宜的烹调方式。
- 食物制备生熟分开、熟食二次加热要热透。
- 学会阅读食品标签，合理选择食品。
- 多回家吃饭，享受食物和亲情。
- 传承优良文化，兴饮食文明新风。

2.学龄前儿童膳食指南

《中国居民膳食指南（2016）》之学龄前儿童膳食指南适用于满2周岁后至满6周岁前的儿童（也称为学龄前儿童），是基于2～5岁儿童生理和营养特点，在一般人群膳食指南基础上增加的关键推荐。

2～5岁是儿童生长发育的关键时期，也是良好饮食习惯培养的关键时期。足量食物，平衡膳食，规律就餐，不偏食不挑食，每天饮奶，多饮水，避免含糖饮料，是学龄前儿童获得全面营养、健康生长、构建良好饮食行为的保障。

家长要有意识地培养孩子规律就餐、自主进食不挑食的饮食习惯，鼓励每天饮奶，选择健康有营养的零食，避免含糖饮料和高脂肪的油炸食物。为适应学龄前儿童心理发育，鼓励儿童参加家庭食物选择或制作过程，增加儿童对食物的认识和喜爱。

此外，户外活动有利于学龄前儿童身心发育和人际交往能力培养，应特别鼓励。

- 规律就餐，自主进食不挑食，培养良好饮食习惯。
- 每天饮奶，足量饮水，正确选择零食。
- 食物应合理烹调，易于消化，少调料、少油炸。
- 参与食物选择与制作，增进对食物的认知与喜爱。
- 经常户外活动，保障健康生长。

3.学龄儿童膳食指南

学龄儿童是指从6岁到不满18岁的未成年人。

《中国居民膳食指南（2016）》之学龄儿童膳食指南在一般人群膳食指南的基础上，推荐如下5条。

- 认识食物，学习烹饪，提高营养科学素养。
- 三餐合理，规律进餐，培养健康饮食行为。
- 合理选择零食，足量饮水，不喝含糖饮料。
- 不偏食节食，不暴饮暴食，保持适宜体重增长。
- 保证每天至少活动60分钟，增加户外活动时间。

4.怎样通过饮食提高学习效率

通过合理饮食，不但能满足学生的特殊营养，还能达到缓解压力、去除疲劳、提高学习效率的目的。

（1）适量食用碱性食物可消除疲劳。人体正常的pH

值是7.35～7.45，呈弱碱性。若pH值低于7.35，人体内酸性物质就会聚集，人就容易感到疲惫，出现肌肉酸痛、四肢乏力、行动缓慢、思维迟钝等现象，因此学生应适量食用碱性食物，以中和体内的酸性物质，使机体达到酸碱平衡，有效缓解生理疲劳，使身体感到轻松，同时缓解心理疲劳与大脑疲劳，提升大脑的思维能力，使学生注意力更加集中。可常吃的碱性食物有醋、海带、水果、蔬菜、菌类等。

（2）适量食用蔬菜。中学生每天要吃400～500g的蔬菜，小学生酌情减量，值得注意的是，水果不能代替蔬菜，蔬菜不能代替水果，因为蔬菜才是维生素与矿物质的主要来源。尽量多吃深色蔬菜，比如胡萝卜、西红柿、南瓜、菠菜、小白菜、油菜、韭菜、尖椒等，它们含有的维生素A、维生素C、维生素B、胡萝卜素、番茄红素、叶绿素等可以缓解大脑疲劳，保护学生视力。蔬菜中含有的钙、磷、钾、镁等矿物质离子能维持人体内的弱碱性环境，使学生身心轻松，思路清晰。

（3）适量食用粗粮。紧张的学习容易给学生，尤其是考生带来压力，长期的精神压力会阻碍学生，尤其是考生的思考能力，还会引起身体的不适，造成肠道功能紊乱及便秘。粗粮中含有的膳食纤维能促进肠胃蠕动，促进排便。学生尤其是考生平时可以在主食中适量搭配一些粗粮吃，比如白薯粥、南瓜粥、荞麦馒头、水煮嫩玉米或者燕麦粥，可以缓解精神上的压力，使学生能情绪稳定地投入到学习中。

（4）适量吃点辛辣食物能激发创造力。有的学生不喜欢吃葱、姜、蒜，因为它们有刺激性的味道，而据研究表明，适量吃一些辛辣食物，能激发人的创造力。生姜与大葱含有挥发油，这种物质能稀释血液，使血流加快，给大脑提供更多的氧。同时，生姜与大蒜还能促进内分泌，使身体发汗，增进食欲。辣椒的辣味还能刺激人体的神经系统，激发学生的热情与创造能力，促使学生追求成功。

（5）适量食用鱼、蛋、奶能增强学生智力。中小学生的智力还有很大的开发空间，适量食用健脑增智的食物，对增强学生尤其是考生的智力有着十分重要的作用。鱼、蛋、奶三种食物，不仅是蛋白质的最佳来源，还是钙质的最好补充，而蛋白质与钙均和大脑活动有着密切的关系。如有条件，一周吃2～3次鱼，鸡蛋与奶每天都要吃，但要适量。

（6）适量食用碳水化合物食物。葡萄糖是大脑能量的唯一来源，若血糖不稳定会影响学生的学习，因此，学生要保证适量碳水化合物的供应。特别是早餐，不要只吃鸡蛋或者牛奶，一定要适量吃些富含碳水化合物的主食，如馒头、粥、面包等。

总之，学生要合理膳食，吃动平衡，促进身心健康，提高学习效率。

5.提高记忆力的食物

膳食不合理，会导致大脑营养不足，进而影响智力、记忆力，尤其影响考生在考场的发挥。因此，吃什么、怎么吃才能提高记忆力是每个学生与家长，尤其是考生急于知道的。那么，适量吃什么食物对提高学生的记忆力有帮助呢?

（1）辣椒。虽然蔬菜的维生素C含量没有水果高，但是辣椒的维生素C含量却是蔬菜中最高的，同时含有丰富的胡萝卜素。更重要的是，辣椒含有的辣椒碱能增进食欲，促进新陈代谢，改善血液循环，促使学生思维活跃、精力充沛、反应敏捷。

（2）胡萝卜。胡萝卜含有丰富的维生素C，可促进新陈代谢，且含有较多的胡萝卜素，能消除大脑疲劳。

（3）菠菜。菠菜含有丰富的维生素A、维生素C、维生素B，维生素B与大量叶绿素合成能促进脑细胞的新陈代谢，具有补脑健脑的作用。

（4）菠萝。菠萝含有丰富的维生素C与微量元素，能起到提神的作用，帮助学生提高记忆力。

（5）橙子。橙子含有大量的维生素C、维生素A、维生素B，为碱性水果。若人体内含有过多的酸，就会引起疲劳，适量食用碱性食物能中和一部分酸，使人感到轻松、有精神，头脑清晰。

（6）苹果。苹果含糖低、水分低，是一种很好的抗氧化水果，能让人保持活力，对提高记忆力也有帮助。

（7）小米。小米具有治疗失眠、安神养胃的功效。适量吃小米，有助于健脑，增强记忆力。

（8）花生。花生含有丰富的脂肪、卵磷脂、脑磷脂，能延缓衰老，预防脑血栓，增强记忆力，促进人体血液循环，是脑神经系统所需的重要物质。

（9）玉米。玉米含有大量的不饱和脂肪酸，有保护心脑血管的作用，且能促进脑细胞的活动。适量吃一些玉米，可提高记忆力。

（10）牛奶。牛奶的含钙量与蛋白质十分丰富，还含有人体所需的氨基酸，能促进大脑发育，完善脑结构，促进脑细胞的新陈代谢，提高睡眠质量。因此，学生可酌情每晚睡前喝一杯牛奶帮助睡眠。

（11）鸡蛋。研究表明，人的记忆力和大脑中一种被称作乙酰胆碱的物质有关，而鸡蛋含有丰富的卵磷脂，卵磷脂被分解后就会产生大量的乙酰胆碱，通过血液进入大脑，增强人的记忆力。学生要保证每天吃1～2个鸡蛋，可提高记忆力。

（12）鱼类。不论是淡水鱼还是深海鱼，均含有丰富的蛋白质、不饱和脂肪酸与钙，能保护人的心脑血管，促进脑细胞活动，提高记忆力。

6.抗疲劳的食物

若能做到合理膳食，不但能保证营养的全面摄入，而且有助于缓解疲劳，让学生精力充沛，提高学习效率。

（1）碱性食物。当体内酸性物质聚集到一定程度时，人就会感到疲惫不堪，具体表现为四肢乏力、肌肉酸懒、反应迟钝。适量吃一些碱性食物，可使人体达到酸碱平衡，有助于缓解疲劳。牛奶、豆腐、葡萄、海带、菠菜这些食物均属于碱性食物，适量食用能起到缓解生理疲劳与心理疲劳的双重作用。

（2）水果蔬菜。水果与蔬菜能为人体提供必要的维生素与矿物质。韭菜、菠菜、黄瓜、西红柿、油菜、胡萝卜含有维生素A，能保护视力，活跃思维。另外，蔬菜中含有的钾、钙、镁等碱性离子能中和人体中过多的酸性物质，促进酸碱平衡，使人感觉神清气爽，全身轻松。但蔬菜不能代替水果，因为蔬菜没有水果所含的大量葡萄糖，而葡萄糖能促进大脑细胞活动，所以适量食用蔬菜的同时别忘了适量食用水果。

（3）高钙食物。适量吃一些高钙食物能帮助学生，尤其是考生提高睡眠质量，放松精神。高钙食物如牛奶，不仅是强碱性食物，能中和酸性物质，让人的肌肉与神经得到放松，同时还能释放一种氨基酸，让人产生疲倦感，具有镇定的作用，可以促进睡眠。

（4）粗粮。学生由于学业繁重，精神压力大，加上长期久坐，运动量少，容易引发上火、便秘。粗粮含有丰富的膳食纤维，而膳食纤维能促进肠胃蠕动，促进排便，因此，学生平时适量食用粗粮，既利于通便，又能缓解压力。常见的粗粮有小米、大豆、绿豆、玉米、糙米、白薯等。

（5）含维生素B食物。B族维生素是缓解压力、消除疲劳不可缺少的物质。人体若缺乏B族维生素就会感到肌肉无力，没精神，易产生疲倦感。含有维生素B的食物有动物肝脏、鸡肉、牛肉、蘑菇、谷物等。早晨正是大脑需要能量的时候，学生更应该适量食用富含维生素B的食物。

（6）肉类、豆类。中小学生容易偏食，而食物单一容易造成营养摄入不足。因此，不爱吃肉的学生可适量吃一些鱼肉、鸡肉，不爱吃豆制品的学生也可以适量吃一些鱼、肉类，但均应搭配适量蔬菜。

（三）怎样科学安排膳食

1.学生需适量补充哪些营养

学生除了吃饭与休息外，大部分时间处在忙碌的学习状态中，身体与大脑对营养物质的消耗量也会增加。学生用脑活动量大时，对葡萄糖与氧的需求增多；学生处在生长发育时期，新陈代谢旺盛，对氨基酸、蛋白质、钙、铁、锌、镁、钠的消耗大。若此时营养摄入不合理，就会造成缺钙、消瘦、易患感冒、抵抗力下降，还会影响到大脑发育，造成视力减退、反应迟钝、记忆力下降。因此，学生对营养摄入有一些特殊的需求。

（1）适量食用含糖食物。大脑工作时，消耗的主要能量是糖，若血糖不足，大脑就无法正常高效工作，可以说糖是大脑的燃料。而低血糖会造成大脑供氧量不足，使人头脑发蒙，无法集中精力学习。血糖是由碳水化合物转化而来的，而碳水化合物的主要来源是粮食类食物和甜食，因此，学生一定不要轻视主食的作用，如大米、面粉、玉米、小米、马铃薯、红薯、山药等。另外，对于青少年学生来说，适量吃一些甜食没有什么大危害，如糖果、巧克力、蛋糕等，但一定不可过量。

（2）适量食用蛋白质。蛋白质对人体的高级神经有非常重要的影响，它能促进大脑神经递质的合成。学生用脑活动量大，需要的蛋白质多，因此，要摄取足够的蛋白质才能保证大脑的工作效率。富含优质蛋白质的食物有鸡蛋、牛奶、瘦肉、鱼虾、禽类、动物肝脏等动物类食物，还有大豆、坚果、杏仁等植物类食物。

（3）适量补充钙质。充足的钙质可以使学生身体更加强壮，促进生长发育，缓解人体疲劳，提升大脑工作效率。每个学生每天需要补充的钙含量在1000mg左右，而钙的最好来源是乳制品与大豆，学生每天可以喝250～500mL的牛奶，也可以选择喝豆浆。另外，一些带壳的海鲜补钙效果也较好，如虾米、大虾等。

（4）适量补充铁。学生学习紧张，若营养摄入不足，容易缺铁，甚至贫血，特别以女生居多。而缺铁性贫血会造成记忆力下降，注意力难以集中，因此，学生应该适量吃一些含铁量高的食物，比如动物肝脏、猪血、鸭血、木耳、大枣、菠菜等，再搭配一些含维生素C的食物，以促进铁的吸收。

（5）适量补充维生素C与葡萄糖。补充维生素C一定要适量食用一些水果与蔬菜，水果的维生素C含量一般要比蔬菜多。水果中，草莓、樱桃、猕猴桃、西瓜维生素C含量较高，蔬菜中，辣椒、番茄维生素C含量高。另外，一些水果中含葡萄糖比较丰富，比如葡萄、甘蔗、菠萝、葡萄柚、菠萝蜜等。

（6）适量补充其他营养物质。学生要适量食用一些坚果与植物油，比如核桃、腰果、开心果、花生、大豆油、芝麻油、鱼油等，这些食物含有丰富的蛋白质、不饱和脂肪酸、维生素A、维生素B、维生素E，具有镇定神经等作用。另外，还要适量吃一些含铁、锌、钾、镁等无机盐的食物，补充人体需要的微量元素，比如蔬菜、香蕉、蛋黄、动物肝脏等。

总之，学生在饮食上要特别注重食物的卫生，做到粗细粮搭配、荤素搭配等，合理膳食，均衡营养。

2.学生吃什么食物最健脑

对大脑发育有重要作用的营养素包括：钙、维生素C、蛋白质、B族维生素、维生素A、维生素E、脂肪等。那么，学生吃哪些食物最健脑呢？

（1）适量食用核桃与芝麻。核桃含有大量不饱和脂肪酸，是健脑的首选食物。芝麻对缓解失眠、神经衰弱、大脑疲劳有很好的功效。此外，核桃与芝麻含有大脑所需的脂肪与蛋白质等。

（2）适量食用鸡蛋与牛奶。鸡蛋含有丰富的蛋白质、卵磷脂、脂肪、维生素，可提高记忆力，促进大脑的新陈代谢。牛奶含有优质蛋白与钙，有舒缓神经之功，每天一个鸡蛋、一杯牛奶，不仅可以强身健体，而且可以改善记忆力，提高大脑的工作效率，保持精力旺盛。

（3）适量食用水果与蔬菜。猕猴桃、菠萝、橙子含有丰富的维生素C，可提高记忆力；香蕉含有丰富的钾，可使人注意力集中，精力充沛。

（4）适量食用豆类及豆制品。豆类，特别是黄豆含有丰富的优质蛋白质、卵磷脂和维生素，能提高人的创造力，特别适合脑力活动较多的学生。

（5）适量食用全麦制品与谷物。全麦食物与谷物对保持人体的认知能力有较大作用，比如花生、薏米、小米、豆类含有钾、镁、B族维生素，这些物质可有效调节心率，舒缓神经，丰富和营养脑细胞，从而达到补脑健脑的作用。

（6）适量食用鱼虾类。鱼虾类含有大量不饱和脂肪酸与优质蛋白质，具有营养脑细胞的功效，能提高与改善考生的记忆力。

（7）适量食用动物肝脏。动物肝脏富含蛋白质、脂肪、维生素A、不饱和脂肪酸等，健脑作用比动物肉质要好。

（8）适量食用大蒜。大蒜是很好的健脑食物。大脑活动的主要能量来源是葡萄糖，而葡萄糖要想发挥作用，离不开维生素B，大蒜并不含有丰富的维生素B，但是它和维生素B能产生一种叫“蒜胺”的物质，这种特殊的物质可促进葡萄糖发挥作用。因此，适量吃一些大蒜，可以增加脑细胞活动量，使学生保持清晰的思维。

值得提醒的是，补脑并不是一下就能看到效果的，必须合理膳食，适量食用健脑食物并长期坚持。

3.怎样饮食提高睡眠质量

睡眠对于学生来说特别重要，只有高质量的睡眠才能保证学生的身心健康，才能保证学生的正常学习。那么吃哪些食物可以改善睡眠呢?

（1）水果。学习压力大容易造成学生过度疲劳与失眠，睡觉之前，可以吃一个苹果或者一根香蕉。苹果、香蕉等水果具有抗疲劳之功。另外，将芳香气味较浓的水果放在枕边，水果的甜香气也可帮助睡眠，比如柚子、橘子、橙子等。

（2）牛奶。牛奶不仅能抑制大脑兴奋，还能让人神经舒缓，肌肉放松。睡觉前，喝一杯温牛奶可促进睡眠。

（3）小米。小米具有养胃健脾、和胃安眠之功。学生在晚餐或者睡觉前适量喝一点小米粥可以促进睡眠。

（4）大枣。大枣味甘，富含蛋白质、维生素C、黏液质、磷、铁等，有安神补脑、健胃补脾之功。学生每晚适量食用大枣或服用大枣熬成的水，有助睡眠。

此外，蜂蜜、龙眼、燕麦、百合、核桃等均有改善睡眠的作用，可以适量食用。

为了提高睡眠质量，除了适量食用上述食物之外，还要注意以下几点。

（1）早点吃晚餐。学生要按时吃饭，特别是晚餐，尽量早点吃，最好在7点之前吃完，才能拉长与睡觉之间的时间。若吃得太晚或者吃得太饱，食物还没消化完全就去睡觉，既影响了消化，也影响了睡眠。

（2）少吃胀气食物。晚餐应避免食用容易胀气的食物，以免造成腹胀，影响睡眠质量。容易造成胀气的食物有红薯、玉米、大豆、洋葱、萝卜等。

（3）少吃不易消化的食物。肠胃不好的学生应注意晚上少吃不易消化的食物，如肉类、玉米等，还有一些很难消化的食物，如粽子、汤圆、年糕等。这类食物容易造成消化不良，胃胀腹胀，影响睡眠。古语有云“胃不和，则卧不安”。

（4）忌用咖啡提神。有的学生为了上课不犯困或者晚上多学习一会儿，采用喝咖啡的方法来提神，结果造成晚上失眠。因此，学生要避免饮用咖啡或含咖啡因的饮料，咖啡会让人兴奋，影响睡眠，睡眠不足反而影响学习，得不偿失。

4.饮食误区

（1）盲目大补。有的家长为了给孩子快速补充营养，不惜重金购买高档营养品，希望给孩子最全面、最有效的进补。家长们不要盲目相信营养品的夸大介绍，有的营养品不但不能补充营养，还造成了腹泻、过敏等症状。食物才是营养补充的最好来源，营养品代替不了食物。

（2）食用肉类过多。学生学习时间长，脑力活动大，体能消耗多，需要的营养也多。一些家长担心孩子营养跟不上，在饮食上花了不少心思，甚至每天给孩子吃大鱼大肉、山珍海味。给学生适当合理地补充必要的营养是对的，但不可盲目进补，要荤素合理搭配，合理膳食。

（3）少吃或不吃主食。有的学生认为主食没有鸡蛋、牛奶、鱼的营养价值高，就少吃或不吃主食，这个想法是错误的。碳水化合物能提供人体55%～60%的能量，而碳水化合物的主要来源就是主食。主食能提供蛋白质与葡萄糖等，若人体葡萄糖不足，就会出现头晕眼花等情况，影响学习效率，因此，学生一定要适量食用主食。

（4）饮食结构改变。家长们盲目地突然改变饮食结构的做法更是不可取的。因为学生已经养成了一个固定的饮食习惯，突然打破这个习惯，会让学生的身体与心理不适应。不但肠胃一下子适应不过来，而且无形中给学生增加了心理负担。

（5）饭店就餐比家里就餐好。许多家长喜欢用“下馆子”的方式奖励孩子，认为饭店做的饭菜比家里好。虽然去饭店吃饭省事方便，但是对学生不一定是好事。首先饮食习惯突然发生了改变，学生可能不适应，还可能造成肠胃不适等情况；其次，必须到饭店用餐的话，一定要注意饭店的卫生是否合格。情况允许的话，尽量还是在家就餐好，最好的饮食是平平常常的家常饭菜，不仅适合学生的胃口，同时学生也不会因为“特殊待遇”而感到太大的压力或不适应。

5.怎样科学安排饮食

（1）食谱不要发生巨变。家长在学生的日常食谱上已经动足了脑筋，若让食谱发生一个巨变，一是会影响学生的身体与心理，会不同程度地增加学生的心理负担；二是学生不一定适应巨变的饭菜。

（2）膳食全面且均衡。学生在紧张的学习状态中，身体会流失很多能量，一定要保障营养合理及时地补充。要合理补充流失的营养，就要做到合理搭配，膳食平衡，因为没有哪一种食物能完全满足一个人所需的全部营养，所以要注意下列原则：食物种类要全面但不要杂，食物单一营养不够，食物太杂会增加进食量；主食为主，适量食用水果与蔬菜，适量食用肉类、坚果；每天多喝白开水，选择豆浆、牛奶作饮品，不喝咖啡与浓茶。

（3）保证饮食规律。家长们不要随意改变学生的饮食习惯，更不要强加给学生一些不喜欢的饮食习惯。要保证营养的均衡，在饮食方面就要遵循客观规律，比如三餐要定时吃，不要少吃某一餐，不要暴饮暴食；不要用零食代替正餐，不要用饮料代替白开水；不要饿肚子睡觉，晚上可以适当吃一些夜宵，但不要过多，以免影响睡眠与第二天的早餐食量。

（4）避免大补。学生用脑多，有必要适当补充营养，但切忌大补恶补，这样做不仅是无效的，还可能导致学生身体的不适，甚至造成腹泻、呕吐，得不偿失。补充营养不是一朝一夕的事情，而是一个循序渐进的过程，必须平时注意合理膳食，合理补充营养。

（5）饮食以清淡为主。许多家长想给孩子快速补充能量，给孩子吃大鱼大肉，这种做法并不合理。学生饮食还是以清淡为主最好。清淡并不是说只吃素不吃荤，若只吃单一食物对学生的营养摄入当然是不够的，要荤素合理搭配。在给孩子补充肉类时，可以选择鱼、虾、鸡肉这些低脂肪高蛋白的肉类，且在选择烹饪方式时，以清蒸、煮汤的方式最适宜。

（6）关注饮食小细节。若学生晚上肚子饿了，可以适量吃一些夜宵，不要饥饿入眠，否则会影响休息；夏季可以适量吃常温西瓜，因为西瓜有水分高、含糖量低的特点，但注意不要过量，以免吃多了拉肚子或者造成尿频，增添不必要的麻烦；学生酌情吃一点巧克力，可以快速补充能量，起到轻微兴奋作用，活跃大脑细胞。

四、注意生活卫生

（一）不与小猫小狗等动物玩耍

有的小猫、小狗可能携带狂犬病毒、弓形体等病原体，若经常与小猫、小狗玩耍或被其抓伤咬伤，可能因此感染狂犬病、弓形体病等，因此，尽量不要与小猫小狗玩耍。

（二）勤晒被

太阳光中的紫外线可以消毒、杀菌，勤晒被子有利健康，因此，要养成勤晒被的好习惯。

（三）适当开窗通气

生命离不开阳光、空气与水。充分享受阳光，呼吸清新、不受污染的空气，利于身心健康。适当开窗通风，室外的新鲜空气可以进入室内，空气中的微生物得到稀释、清除。即使在寒冷的冬季也应做到每天适当开窗通风。

（四）热爱整洁讲究卫生

干净整洁的环境里各种病原微生物会减少，生活在整洁的环境里自然就可以少生病。因此，要从小养成爱整洁、讲卫生的好习惯。

（五）不乱丢纸屑等垃圾

垃圾是细菌、病毒的滋生沃土，乱丢垃圾会破坏我们的生活环境，影响身心健康，因此，要从小养成不乱丢垃圾的好习惯，有垃圾要扔进垃圾桶，且垃圾桶要定期清理。

五、运动卫生

（一）科学运动，促进健康

适当的体育锻炼可以促进身体发育，提高呼吸功能与心脏功能等，是促进青少年健康成长最有效、最积极的手段之一。

科学运动可增进身心健康。经常参加适当的体育运动，有益于全身各系统发育，可改善肌肉、心血管、呼吸系统功能，提高神经、内分泌与免疫调适能力，改善健康状况，从而达到人体结构、生理功能、运动能力的完好状态；参加体育运动使人精力更加充沛，可以培养良好的心理素质，减轻或者消除紧张、焦虑及抑郁，有益于形成开朗的性格、坚强的意志与充分的自信心。

科学运动可提高对外环境的适应能力。经常从事适当的体育运动，与现实环境保持良好的接触，为结交朋友提供了平台，使人的交际能力得到充分锻炼。参加体育运动，会常常面对挫折与失败，还有运动内容、方法的丰富多样、运动现场的变幻莫测，常经历这样的场景对提高人们的应变能力、机智灵活、顽强意志是个很好的锻炼机会。

科学运动也是健康生活方式不可缺少的重要内容。缺乏科学运动的生活方式，是不健康的生活方式。因此，应从小养成积极参加体育运动的好习惯，从中小学时期就打好基础，坚持终身运动。

（二）选择合适的运动项目

中小学生锻炼身体的目的，是把身体练得结实健壮，身心健康，更好地学习与生活。生命在于运动。只有科学的运动才能达到健康身心的目的，因此不能单凭个人的爱好与兴趣，而应根据性别、年龄、季节、环境、身体状况等来选择适合自己的运动项目。一般来说选择一些有氧锻炼的项目较好，如散步、慢跑、跳绳、踢毽子、篮球、羽毛球、乒乓球、登山、原地跑等。

（三）体育锻炼注意事项

1.做好准备活动。每次参加体育锻炼前，要根据体育项目的特点，适当活动关节等；动作幅度应由小到大，为正式锻炼做好充分准备。

2.持之以恒。锻炼需要有毅力，要从小养成积极锻炼的好习惯，持之以恒。

3.循序渐进。锻炼身体要遵守循序渐进的原则，防止与克服蛮干或急躁情绪。

4.合理控制运动量。要根据自身的体质状况，安排好锻炼的强度，适量运动。特别要避免两种极端情况：一是不知疲倦地“锻炼身体”，这样反而会因机体过度疲劳而“伤身”；二是原来不爱运动的同学，突然积极加入体育锻炼的行列当中。体育锻炼要做到量力而行，切不可“运动无节制”，也不可“身体放假不动”。

5.适量补充营养。运动期间要根据运动的强度、时间等，及时适量补充营养。

6.注意安全。经常检查场地、器材，加强自我保护，严格遵守运动卫生的要求，避免运动损伤。

六、养成良好的生活习惯

（一）按时完成作业

学习是中小学生的主要任务，从小养成上课认真听讲、课后按时完成作业的好习惯将使你受益终生。

（二）按时作息

中小学阶段是身体生长发育的关键期，需要充足的睡眠与休息。生活规律，按时起床，按时休息，有利于中小学生健康成长。

（三）上网不成瘾

现代生活离不开计算机与网络，中小学生也要掌握计算机的基本操作，会用网络检索资料等。但是中小学生上网要有节制，以不影响正常的学习与生活为宜，更不要上网成瘾，影响身心健康与学习。

（四）不玩网络游戏

中小学生自制力有限，玩网络游戏容易成瘾，影响学习与休息的情况时有发生，若长期盯着计算机还会严重地损害视力。因此，中小学生最好不玩网络游戏。

（五）注意劳逸结合

劳逸结合对中小学生而言，就是要合理安排学习、活动与休息的时间，科学用脑，适量运动，促进身心健康发展，提高学习效率。

该活动的时间尽情科学活动，该学习的时间集中精力学习。只有在课间、体育活动时间，尽情地科学活动，身体活动好了，大脑得到充分的休息，才能在学习时大脑清晰、思维敏捷，学习效率才高，从而达到身体好、学习好的目的。

（六）关注提高记忆力的方法

中小学生找出适合自己特点的记忆方法是非常重要的。有的中小学生在早晨把昨天学过的内容复习一遍，能很好地记住；有的中小学生喜欢边听边写，也很容易记住；有的中小学生边听音乐边读书，反而能很好地记住。要从这些因人而异的方式中，找出适合自己的方式，灵活运用，具体实践。

（七）远离毒品

吸毒在医学上称为药物滥用，是指过分和有害地使用有潜在成瘾倾向的药物，导致了不可逆转的躯体损伤，它违背了社会风俗与文化，是以取得快感或避免不快为特点的一种精神与躯体病理状态。

吸毒对个体、社会、公共卫生及经济都造成很大的危害。因此，中小学生一定要远离毒品。

（八）正确的读写姿势

中小学生正处于长身体的阶段，养成良好的读写姿势，不仅需要孩子从小做起，更需要家长与教师的长期督促，从而让孩子坚持下来，养成“姿势不对不读书”“姿势不对不动笔”的好习惯。正确的写字姿势不仅能保证书写自如，减轻疲劳，提高书写水平，而且能促进中小学生身体的正常发育，预防近视、斜视、脊椎弯曲等多种疾病的发生。

正确的写字姿势：作业本平放，头正、肩平、背直，胸离课桌一拳，眼离本子一尺，两臂平放桌上，左手按本，右手执笔。用右手拇指与食指握住笔杆下端，距离笔尖约一寸，同时用中指在内侧抵住笔杆，无名指与小指支住中指，笔杆握得松紧适度，笔杆上端稍稍向右偏，紧贴虎口，与纸面约成45度角。

正确的读书、听课姿势：腰板直，坐端正，背部不要弯，胸部稍稍挺起，手臂自然下垂，大腿平放椅面，腰部靠住椅背，小腿直立地面，或稍向前伸一些。特别注意胸部与桌面要保持一拳距离，让呼吸与血液流动都很自然。书本不要直立，也不要放平，要把书本的上端垫高一点，眼睛与书本保持一尺距离。

（九）不乱用化妆品

某些化妆品，尤其是不合乎卫生标准的化妆品中铜、锌、汞、铅含量超标，皮肤吸收后会造成酪氨酸酶活性增强，加速黑色素沉着；伪劣化妆品刺激皮肤后会导致炎症，并加重色素沉着。此外，化妆品使用过多或使用受污染的化妆品都会加重色素沉着，甚至破坏皮肤的正常生理功能。因此，中小学生不要乱用化妆品。

（十）不吸烟

烟草烟雾不仅危害吸烟者，还会损害被动吸烟者身心健康。医学研究表明：人体的任何部位都不能幸免于吸烟的危害，吸烟与被动吸烟不仅与肺癌、喉癌、胃癌等多种癌症关系密切，而且与慢性支气管炎、肺心病、高血压、动脉硬化等呼吸系统及心血管疾病密切相关。中小学生正处于身体发育期，各器官系统尚未发育完善，烟草烟雾中的毒素会破坏皮肤中胶原蛋白的形成，加速皮肤松弛和皱纹的出现，让人青春早逝。吸烟对智力、个性、心理品质更是有害无益。长期吸烟会导致注意力与稳定性一定程度的下降，还会降低人的智力水平与学习效率。因此，中小学生不要吸烟。

（十一）不饮酒

中小学生身体发育尚未完全，各器官功能尚未完备，对酒精的耐受力低，肝脏处理酒精的能力差，而酒精对人的中枢神经系统的危害最严重，对脑细胞的损害也相当大，对大脑发育极为不利，可造成学习效率降低，在体育比赛中难以创造出理想的成绩等。总之，中小学生最好不饮酒。

七、环境与健康

（一）自然环境与健康

自然环境中的许多因素每时每刻地作用于人的机体，包括物理的、化学的、生物的，这些因素不仅错综复杂，且处于不断的变化之中。人体借助内在的调节与控制机制，与各种外界环境因素保持着相对平衡，表现出机体对环境的适应能力。但人们的这种适应能力是有限的，若有害的环境长期作用于人体或者超过一定的限度，就会危及健康，引发疾病，甚至造成死亡。

未受污染的自然环境对人的身心健康有利。在空气清新、水质良好与阳光充足的自然环境中适当活动能够增强体质，既可增强人体的抵抗能力，也有利于疾病的康复。

自然因素与人类行为均会使环境受到破坏，若无节制地消耗资源或污染环境就会造成环境恶化。当这种破坏与影响达到一定程度时，就会破坏生态平衡，对人类的生存与发展产生不利影响。煤、石油等能源燃烧时，导致二氧化碳等气体在大气中的含量增加，引起温室效应，使全球气候变暖；生产过程中产生的废水、废气、废渣，若未经科学处理就排放，也会严重污染环境，影响人类的身心健康。因此，中小学生要从小养成保护环境的良好意识，不污染环境，如不随地吐痰、不乱倒垃圾污水、不乱丢弃废旧电池、分类回收垃圾、慎用洗涤剂等。在保护自然环境的同时，还要注意保护居住生活的环境，保持室内空气清新、整洁明亮、温湿度适宜等。

（二）社会环境与健康

社会环境是在自然环境的基础上，人类通过长期有意识的社会劳动加工与改造的自然物质、创造的物质生产体系、积累的物质文化等所形成的环境体系，是与自然环境相对的概念。

社会环境的优劣，也与人的健康息息相关。中小学生应从小养成遵纪守法、尊敬老人、尊敬老师、团结同学的好习惯，共同创造良好的社会环境。

八、科学用脑与脑保健

（一）学会科学用脑

1.中小学生怎样科学用脑

（1）连续使用大脑的时间不要过长。中小学生一次学习的连续时间最好不要超过一个小时。

（2）学习时让五官参与其中。中小学生在学习的时候如果可以让多种感觉器官参与其中，有利于提高学习的效率。比如学习同一内容，若仅用视觉，接受率为20%，若仅用听觉，接受率为15%，若两者并用，接受率则为50%。

（3）交错进行不同的学习内容。中小学生学习的内容不同，会在大脑皮层的不同区域形成兴奋点。比如中小学生在学习数学的时候，会在大脑的某一个区域形成兴奋点；在学习语文的时候，会在大脑的另一个区域形成兴奋点。因此，中小学生学习同一内容的时间过长，势必会加重大脑皮层某个区域神经细胞的负担，如果能够将不同的学习内容交错进行，让大脑皮层不同区域的神经细胞交替工作，使大脑得到充分的休息，有利于提高学习效率。

（4）充分利用最佳用脑时间。每位中小学生均有自己的最佳用脑时间。有的中小学生早晨的记忆力最好，思维特别灵敏；有的则在晚上学习效果最好，头脑最清醒。因此，中小学生应该充分利用自己的最佳用脑时间，提高学习效率，取得好的学习效果。在一天之内，中小学生有的时候学习效率高，有的时候学习效率不高，有的时候一般。这是因为在某一时间内，中小学生的大脑皮层处于适度的兴奋状态，极易形成优势兴奋中心，很容易建立条件反射，使观察力敏锐，注意力集中，想象力丰富，创造力旺盛，记忆力强，思维活跃，逻辑推理严密。科学研究发现，人的脑细胞的兴奋具有周期性的特点。因此，中小学生要充分利用自己最佳的用脑时间，接受并贮存信息，发挥创造性思维，解决复杂的问题，取得好的成绩。

（5）创造适合的学习环境。大脑是人体耗氧最多的器官，充足的氧气有利于提高大脑的工作效率。因此，中小学生在学习的时候要适当开窗换气，使空气保持新鲜，并尽量避开噪音环境等。

（6）注意维护脑健康。大脑也会疲劳，只是中小学生在学习的时候，处于兴奋的状态，很难察觉。大脑疲劳会破坏中小学生良好的心理状态，降低学习效率。因此，中小学生要合理安排文体活动、学习与休息的时间，严格遵守作息制度。

2.中小学生的课间该怎么过

一般情况下，中小学生在上课45分钟后，会休息10分钟，这样的安排符合心理学与生理学的规律，对提高学习效率、身心健康都有好处。中小学生在上课期间长时间用脑，心跳减慢，大脑供氧不足，极易产生困倦与疲劳，致使听觉与视觉功能受到影响，理解、思考、记忆与学习的效率就会大大降低。如果没有得到适当的休息，就会使身心健康与学习效果受到影响。因此，中小学生在课间的时候应该根据自己的实际情况进行适当的活动，为下一节课的学习做好准备，只有课间活动好了，下一节课才更有精力。

课间活动为的是消除疲劳，改善大脑功能，为下一节课做好准备。但是，课间活动不能过于剧烈。中小学生可以向远处眺望，也可以在教学区附近散步等，让自己紧张的情绪放松下来，恢复充沛的精力，从而提高学习的效率。

3.适度用脑越多的人越聪明

生命在于适量运动，大脑是否灵活则在于适度运用，但是许多人却忽视了这一点。勤于适度用脑，并不断进行思维活动，有助于延缓脑细胞的衰老，保持良好的思考能力。反之，如果不勤于用脑，大脑就会变得迟钝。

大脑皮层是高级神经活动的中心，听、说、读、写、记忆等会让神经细胞变得活跃，让人变得聪明。人的大脑皮层有大约146亿个神经细胞，而绝大多数人在一生中仅能用到约10亿个，很大一部分潜力并没有得到开发与利用。值得提醒的是，一个人在30岁后，大脑的神经细胞会以每天10万多个的速度慢慢坏死。因此，年轻的时候适度多用脑，才能发挥更多的大脑潜能，减缓衰老的速度。

值得注意的是，开发大脑并不意味着让中小学生过度使用脑资源，而是要适度用脑，若滥用大脑，反而会使大脑受到损害。因此，中小学生应该学会科学、合理地使用大脑，让自己变得更聪明。科学、适度地用脑不仅不会损伤到大脑，反而有利于中小学生大脑的健康发育。反之，若中小学生总是懒于学习，不喜欢思考，那么大脑就会慢慢出现废退性萎缩的症状。要记住：大脑越适度用越灵活。

4.中小学生怎样预防大脑疲劳

（1）动静交替。大脑皮层功能定位学说认为，大脑皮层各个区域交替工作，可以避免某一区域的脑细胞疲劳。大脑皮层在进行某项工作的时候，相应部分的脑细胞就会处于兴奋的状态，而其他部分的脑细胞则会处于抑制的状态，在大脑皮层上形成兴奋区与抑制区，彼此之间交互活动，随着工作内容的改变，兴奋区与抑制区会轮换工作。因此，中小学生在学习完数学之后，可以看看报纸，听听音乐；背完英文单词之后，可以看看画册或者电视等。

（2）目标合适。中小学生的学习目标定太高，负担就会太重，会让自己总是处在紧张的状态之下，极易造成大脑疲劳。反之，目标定太低，学习负担过轻，也会造成大脑疲劳。适度的学习目标能够激发中小学生学习的兴趣，产生积极的情绪，使大脑的高级部位变得活跃，产生高度兴奋。大脑是思维的器官，在不疲劳的状态下研究各种问题，积极思考，不仅没有坏处，反而会越用越灵。

（3）培养兴趣。中小学生只有激起自己的求知欲，对学习充满兴趣，才会让大脑的功能处于最佳的状态。

（4）适量运动。课外活动与体育锻炼均有助于增强体质，提高大脑反应的灵敏度，预防大脑疲劳。体育锻炼的方式多种多样，中小学生可以根据自身情况进行选择。

（5）睡眠充足。睡眠是保护大脑的重要途径，也是大脑皮层保护性抑制特点的需要。生理学研究表明，与浅睡8小时相比，熟睡6小时的效果更好。为了让自己熟睡，中小学生要尽力做到：临睡之前保持轻松愉快的心情，要善于抵制刺激与抑制兴奋，切忌胡思乱想；在临睡之前，切忌食用刺激性的饮食，比如喝浓茶、咖啡等；不看刺激性过强的影视节目；不读过于紧张的文艺作品，以免大脑过于兴奋；按时睡觉，按时起床。

（二）科学养护大脑

1.健脑的食物

禽类：禽类主要是指野禽和家禽的内脏、肉及其制品，主要有鸡、鸭、鹅、鹌鹑、鸽子等，营养价值很高，对于经常用脑的中小学生来说是极佳的补品。

水产类：水产类包括河鱼、海鱼及其他各种水产动植物，比如蟹、虾、蛤蜊、海蜇、海参与海带等。水产品中发挥健脑益智作用的成分主要是二十二碳六烯酸，这种物质广泛存在于海洋动植物中，而陆生动植物中没有或者含量很少。海带中含有丰富的碘；牡蛎中含有丰富的锌；贝类、鱼类则含有大量的二十二碳六烯酸和蛋白质，这些营养素均可起到健脑益智的作用。

虽然水产品的营养价值很高，但如果食用不当，也会对生命造成威胁，比如吃河豚就要小心。而且鱼肉极易腐败变质，所以，吃鱼必须要新鲜。有的水产动物容易感染肝吸虫和肺吸虫，尤其是小溪和小河里的河蟹，往往是肺吸虫的中间宿主，若吃的时候没有煮熟，极有可能会致病。因此在烹调加工的时候，一定要煮透烧熟。

鸡蛋：鸡蛋中的脂肪酸比例十分恰当，含有非常多的磷脂，包括卵磷脂、溶血磷脂、脑磷脂以及少量的神经鞘磷脂等，可谓大脑的“营养库”。最补脑的吃法就是煮鸡蛋。

苹果：又称为“记忆果”“智慧果”，经常适量吃苹果可达到提高智能、增进记忆的效果。苹果除了含有大量的糖、矿物质与维生素等大脑必需的营养素外，还含有丰富的锌元素，锌是促进生长发育的关键元素。人体很多重要的酶的组成离不开锌，锌则通过酶广泛参与体内糖、脂肪、蛋白质的代谢，核酸和蛋白质与记忆力息息相关，而锌是构成这些物质必不可少的元素。此外，苹果中还含有铁与磷等元素，极易被肠壁吸收，有宁神安眠、补脑养血之效。苹果的香气是缓解压抑与抑郁的良药，它对于消除中小学生的心理压抑效果显著。

葡萄：葡萄中含有大量的葡萄糖、维生素、氨基酸、有机酸，能够补益、兴奋大脑神经，对于缓解疲劳和治疗神经衰弱有一定的作用。

银杏：银杏中所含的银杏萜内酯与总黄酮有利于促进血液循环，使脑血流情况得到改善，并软化、扩张血管，使机体的耐缺氧能力得到提高，且可增进合成记忆分子RNA、DNA与蛋白质，有利于提高记忆力。值得提醒的是，银杏必须在医师的指导下食用，不可自已随意食用。

龙眼：龙眼含有较多的钾、铁等元素，不仅可以增进血红蛋白的再生，而且可以治疗因贫血引起的健忘等。

桑椹子：桑椹子含有丰富的维生素、氨基酸和胡萝卜素等，含有的脂肪油也比较多，这些都有利于大脑的发育与活动。

橘子：橘子是一种极佳的养脑果品，富含维生素A、维生素B、维生素C等。橘子属于碱性食物，有一定改变酸性体质的作用。

莲子：莲子具有补脾固肾、清心、养神益智的作用，是养脑的佳品。

刺梨：刺梨所含的健脑益智成分主要是氨基酸、维生素及微量元素，它所含的氨基酸达14种之多，其中有5种是人体不能合成的。

大枣：大枣具有安神强志健脑的功效。大枣除含有丰富的维生素之外，还含有脂肪、蛋白质、糖类、有机酸及钙、铁、磷等，这些均有益于大脑。

黑木耳：黑木耳具有抗血小板凝结、减少血栓形成、降低血凝、防治脑动脉硬化之功。

洋葱、葱、蒜：洋葱被称为“蔬菜皇后”，含有人体必需的维生素与硫化物的混合物，可将体内的废物清除掉，延缓皮肤老化。葱和洋葱一样，含有一定量的前列腺素样物质，这种物质可以使血管扩张，减少外周阻力，有利于降低血压。大蒜具有降血脂的效果，有利于促进血液循环，消除疲劳，可起到一定的防治心脑疾病的作用。

玉米：玉米熟吃时起到的作用更大，因为在烹煮的过程中玉米可以将一种抗氧化剂活性物质释放出来，且其所含的玉米黄素及叶黄素可以防止白内障的发生。

海带：海带不仅含有丰富的碘元素，而且含有蛋白质、碳水化合物、纤维素与矿物质等人体不可或缺的营养成分。此外，海带还富含卵磷脂、亚油酸等营养成分，具有健脑的功能。

大豆：在所有的植物性食物中，大豆是唯一一种可以与动物性食物相媲美的高脂肪、高蛋白且各种营养素含量丰富的食物。因此，大豆蛋白有“优质蛋白之首”“植物蛋白之王”“田中之肉”等美称。营养学家将由大豆制作的豆奶称作“绿色牛奶”。大豆所含的营养成分非常多，其中大豆磷脂对提高人的记忆力十分重要，磷脂是组成神经细胞与大脑细胞不可或缺的成分，而大豆磷脂能够激活脑细胞，从而提高记忆力。适量食用大豆，有利于改善神经化学功能与大脑功能，也有利于减缓脑细胞的退化与死亡。另外，大豆磷脂还可起到降血脂的作用。心脑血管疾病之所以发生，主要是因为胆固醇沉积在心脑血管内，导致管腔变窄，而胆固醇之所以会在心脑血管内沉积则是由于胆固醇与磷脂的比例失调。适量的胆固醇与磷脂会合成为胆固醇脂，对血管内壁起到清扫的作用，因此，中小学生适量食用大豆及其制品，不仅会降低血脂，而且会使患心脑血管疾病的概率大大减少。

核桃：核桃是世界四大干果之一，含有丰富的蛋白质和脂肪等，含油量超过了60%。特别是核桃含有大量的磷脂，具有补脑、健脑之功，有利于大脑皮质的发育。中小学生适量吃核桃不仅有利于大脑的发育，还有利于防治失眠，镇咳喘，防便秘。

开心果：开心果含有大量的叶酸、维生素、钙、磷、钠、钾，且含有矿物质、泛酸、烟酸等。开心果还含有大量的油脂，有润肠通便之功，有利于机体排毒。

松子：松子含有大量的维生素A、维生素E以及人体必需的油酸、脂肪酸、亚麻酸与亚油酸等。松子不仅有祛病强身、益寿养颜之功效，还有防癌和抗癌的作用。

花生：花生中蛋白质的含量约为30%，其营养价值可与瘦肉、牛奶、鸡蛋等媲美，而且极易被人体吸收。花生衣还有补血的作用。

2.不利于健脑的食物

加糖鲜榨果汁：加了糖的果汁热量会更高，而且糖分也增多。因此，建议中小学生应以适量食用新鲜水果为好。

咖啡：咖啡含有咖啡因的成分，因此，建议中小学生不要饮用咖啡。

爆米花：每千克爆米花中含铅量为2.45～20毫克，对人体，特别是对中小学生的神经系统、消体系统与造血系统有很大的危害。

松花蛋：松花蛋含有一定量的铅，经常食用会导致铅中毒。铅中毒的表现有智力减退、好动、贫血、失眠等。

猪肝：每千克猪肝含胆固醇超过400毫克，而胆固醇摄入太多会导致动脉粥样硬化，因此，猪肝一次不要吃得过多。

油条：炸油条用的白矾是含铝的无机物，若每天吃油条，铝将难以从体内排出，体内存有太多的铝，就会对大脑和神经细胞产生毒害。

味精：人体摄入过量的味精会导致血液中谷氨酸的含量增加，对镁与钙的利用起到限制作用，从而引起短期的恶心、心慌、头痛等症状，对人体的生殖系统也会产生很大的危害。

上面介绍的这些食物都会不同程度地损害中小学生的脑健康，因此，中小学生应限量吃这些食物。

3.导致智力下降的食具

（1）塑料食具。用聚苯乙烯制作的食具往往含有一定的毒性，用聚氯乙烯制作的食具也有微毒，因此中小学生应该避免使用。塑料制品中普遍含有BPA，即一种叫作“双酚A”的化学物质，这种化学物质能够从塑料制品内渗透到水和食品中。长期用塑料制品盛放酸碱性与高热食物，塑料的微毒成分会进入食物中，从而进入体内，给大脑功能带来影响，进而影响智力。

（2）陶瓷与彩色搪瓷食具。陶瓷与搪瓷的表面均有一层釉，彩色釉通常含有镉、砷、铅等有害金属，若长期使用，尤其是用于盛放碱性或酸性食物，这些有害物质就会进到食物中，从而进入体内，损害肾脏、肝脏、大脑，导致肾系、肝系疾病与智力低下，因此，建议中小学生尽量避免使用。

（3）油漆食具。该类型的食具最常见的有食盒、筷子等。油漆中含有苯胺、苯、硫化物等有害物质，若长时间使用油漆食具会使这些物质进入体内，损害人的肾、肝、大脑，很容易导致智力下降等，因此，中小学生不宜使用油漆食具。

（4）铜食具。最为常见的是铜火锅。由于铜很容易生锈氧化，也极易被酸性食物溶解，进而通过食物进到人体。人体吸收大量的铜，会损害大脑、肝脏，影响智力。在生活中常看到的铜火锅外面会衬一层锡，而食用过量的锡也会使智力受到影响。因此，中小学生不宜使用铜火锅，而应选择使用不锈钢火锅或铁火锅。

（5）锡食具。目前虽很少见到锡食具，但一些少数民族地区会使用锡制品来盛酒，因为锡不仅光亮还能保暖。但若溶入酒中的锡过多，人体吸收过量的锡就会产生反应迟钝、惊痫等智力下降的情况。

（6）铝食具。长时间使用铝食具会导致智力衰退。尤其是用铝锅炒菜，铝会通过食物进入人体内，若人体摄入铝超过了一定的限度，就会对大脑神经系统产生危害。

中小学生往往喜欢漂亮的餐具，但是漂亮餐具的背后往往隐藏着影响身心健康的危险，知道了这些，中小学生在使用锅、盘、碗、筷、勺的时候就要有意识选择健康的食具了。

4.有损大脑的不良饮食习惯

（1）不吃早餐。若中小学生不吃早餐就会导致血糖低于正常的供给，无法供应大脑所需的营养，时间长了就会损害大脑。此外，早餐的质量也与中小学生的智力有极大的关系。一般情况下，吃高蛋白早餐的中小学生在上课的时候最佳思维时间会长一些，而吃素的中小学生精力与情绪则下降得比较快。

（2）长期饱食。若一日三餐中，中小学生顿顿饱食就会造成血液在胃、肠里累积过久，致使大脑缺氧缺血，不利于大脑细胞的发育。更为严重的是，大脑中有一种纤维芽细胞生长因子，中小学生若长期饱食就会导致这种物质大量分泌，造成血管细胞增殖，管腔变窄，供血能力变弱，从而使脑缺氧的情况加重。因此，中小学生一日三餐不宜吃得过饱，应合理膳食。

（3）吃油炸食品过多。煎饼、油条、煎鸡蛋、油炸花生米等油炸类食品的口感很好，对中小学生极具吸引力。偶尔吃一些没有什么大碍，但若长时间食用就会损害大脑。因为在制作这些食品的过程中加入了含铝的发酵粉，而铝会杀死脑细胞，高温烹调又会产生苯并芘等致癌的毒性物质；这些食品往往含有较多的过氧化脂质，会导致脑细胞过早衰老。因此，中小学生不宜多吃油炸食品。

（4）吃零食过多。常吃零食，胃肠就会经常处于紧张状态，集中大量血液，进而导致大脑缺血的情况，再加上零食多为爆米花或者油炸类食品，前者含铅多，后者含铝多，均会损害脑细胞。因此，建议中小学生应尽量少吃零食。

（5）吃咸食过多。氯化钠是盐的主要成分，若进食太多就会造成体内钠离子浓度变高，不仅易患感冒、胃炎、高血压等疾病，而且会使大脑受到损害。因此，中小学生每天的食盐量不宜超过6克（包括酱油等所有食物所含的盐），这是保护大脑的重要一环。

（6）吃甜食过多。中小学生适量吃糖类食品，有利于大脑的发育，因为葡萄糖是脑细胞的重要能源，但并不是吃得越多越好。因带阴离子的酸根是糖在人体内的最终代谢产物，若吃甜食过多就会变为酸性体质，导致脑功能下降，出现反应迟钝、记忆力涣散、精神不振，严重者还会引发神经衰弱，给中小学生的智力发育蒙上一层阴影。

（7）吃素食过多。脂质是大脑的重要组成部分，是脑的“第一需要”，而蛋白质则被列为脑的“第二需要”，脂质的重要性高于蛋白质。尤其是二十碳五烯酸、二十二碳六烯酸等不饱和脂肪酸，在人体的智力发育中起着极为重要的作用，而这些重要的健脑物质多存在于荤类食物中，蔬菜、谷物类食品中几乎没有。因此，科学的荤素搭配，有荤有素的食谱才有利于中小学生的正常发育。

（8）厌食。若是一日三餐进食过少，甚至总是处于饥饿的状态，大脑就会受到损害。厌食者的体重要比食欲正常的人低30%，记忆力、注意力、计划与学习能力等也均较低，大脑呈现一定的萎缩状态。厌食症状在经过治疗后，虽然体重会恢复正常，但是大脑的形态和功能已经无法补救，没有摄取足够的大脑所需要的营养是造成这种后果的重要原因。因此，若中小学生有厌食的症状，一定要及早到正规医院进行诊治，否则会妨碍智力的发育。

在中小学生智力发育的过程中，饮食习惯起着非常重要的作用。因此，中小学生一定要及时克服自身的不良饮食习惯，合理安排膳食。

（三）健脑的休闲娱乐

1.音乐利于脑健康

大脑对音乐十分敏感。“许多科学成就都是从音乐中启发出来的。”这是爱因斯坦的一句名言。音乐“能神明”则是明代著名医家张景岳的名言。这里所说的“神明”指的就是大脑。经常适量参加音乐活动有利于增强大脑传输与处理信息的能力，使神经元的活动旺盛，与此同时，还会刺激大脑细胞的增生能力，使突触的数目急剧增加，有助于促进大脑的思维活跃。若一个人经常参加如乐器弹奏等主动性的活动，对大脑中枢的发育将会大大有利。研究认为，音乐有利于增强中小学生的记忆力；音乐有利于加强中小学生的注意力；音乐有利于促进中小学生的想象力；音乐有利于培养中小学生的抽象思维能力。

总之，音乐可以健脑益智，可以延缓大脑的衰老，音乐不但可以改善记忆力，而且可以激发大脑出现创造性的奇迹，这就是音乐的魅力所在。因此，中小学生在课余时间适当听听音乐将十分有益于大脑的健康。

2.弹钢琴利于智力开发

不管是学习管乐、弦乐还是键盘乐，均能达到开发智力、训练大脑的效果。特别是学习钢琴，对中小学生的智力开发更具有十分重要的意义。钢琴的魅力使它成为世界上人们最喜爱的乐器之一。学习钢琴，不但可以培养中小学生的音乐素质、陶冶情操，而且有利于中小学生大脑的发育，为科学文化知识的学习提供良好的智力条件。

弹奏钢琴的独特形式决定了它具有开发智力的作用。

弹奏钢琴时，十个手指都要按着一定的指法动作，腕、臂相结合，用力各有轻重。若十个手指没有弹到相应的键上，就不能弹出美妙的乐曲，或者弹出的声音不能成曲。此外，在运用钢琴踏板时，手、脚之间需要密切配合，这样弹出的音乐才会富有生气，充满活力，更加感人，更有风采。因此，中小学生弹奏钢琴有利于开发、训练运动感觉。

弹奏钢琴有利于训练中小学生的听觉感受。如果一个弹奏钢琴的人听不准音，听不出和声，又怎么能弹奏出优美动听的旋律？因此，学钢琴一定要先训练听力，对自己弹奏的乐曲要注意倾听，并将不同的音色、音调等辨别出来。听记训练与听想训练是听力训练的两部分内容。听得准才能记得清，印象才会更加深刻，这有利于中小学生良好记忆力的培养。而听想训练则要求中小学生一边听一边思考，进行深层次的联想和思考，使听与想互相促进，让思维更好地伴随着听觉，有利于提高中小学生的智力，同时对于听课学习也将带来极大的帮助。

弹奏钢琴有利于训练中小学生的视觉感受。弹钢琴的时候，不仅需要手与脚之间的密切配合，还需要具备良好的读谱能力。弹奏的时候不但要看清五线谱上的各种符号，还要将其反映到弹奏的过程中去，即在看到音符以后，手指快速找到相应的键盘位置，视觉感觉会越来越灵敏，这对于观察事物与看书学习具有积极的意义。

弹奏钢琴有利于培养中小学生的注意力。弹奏的过程中，中小学生要做到手弹、眼看、脚踏、耳听、脑想、口唱，身体的多部位、多器官均要同时并用，默契的配合。

如果不能集中注意力，势必不能弹出好的乐曲。因此，弹奏钢琴可以使中小学生得到一种独特的集中注意力的训练，而注意力的训练是智力开发的一项重要内容。

中小学生在弹奏钢琴时要平心静气，进入一种淡泊的境界，让自己的心理、生理节奏与大自然的节律融汇在一起，使大脑处于一种最有序、最安静的状态。若中小学生长期处于这样的状态中，就可以加强全身的协调性，使自己的大脑变得更加聪明。

3.适当下棋让大脑变得更聪明

棋的种类很多，常见的有围棋、跳棋、军棋、中国象棋、国际象棋。下棋是一种集趣味性、竞技性、知识性、科学性为一体的文体活动。适当下棋可以调节情绪，可以养心益智，是一种以脑力活动为主的娱乐活动，老少皆宜，特别是对中小学生来说，适当下棋有利于智力的发展。

由于下棋的竞争性与趣味性较强，因此在下棋的过程中大脑的活动比较剧烈，对于智力减退与智力迟滞的中小学生来说，下棋是一个极好的治疗方法。

棋盘上瞬息万变，若想要取胜就一定要充分运用自己的智慧，使“智慧自生”，使尽可能多的脑细胞得到开发与利用，使大脑的功能得到激发，活跃思维。可见，适当下棋是开发中小学生智力的一项有效措施。

由于中小学生的好胜心较强，势必要和对方分出胜负，为了在棋盘上取得胜利，就一定会冥思苦想。当中小学生赢了的时候会受到鼓舞，当输给对手的时候会发愤争先，无论结果如何，均会使中小学生的思维得到最大限度的锻炼。

中小学生往往好动，而下棋要求中小学生全神贯注，平心静气，摒弃一切杂念。因此，对于精力极易分散、注意力不易集中的中小学生来说，下棋有利于锻炼注意力。

适当下棋利于锻炼中小学生的判断能力与决断能力。由于棋局变化莫测，机会稍纵即逝，若中小学生能够抓住战机便可获胜，若稍有迟疑便会错失良机。

适当下棋利于培养中小学生独立思考的能力。在下棋的过程中，中小学生通过发挥主观能动性，增强了对辩证法与逻辑性的认识。实际上，下棋的过程就是判断、计算、推理与决策的过程。以围棋为例，就是以军事辩证法为基础，需要中小学生将分析能力、默记能力、计算能力与战略战术糅合在一起，利于启迪智慧，健脑益智。

由此可见，下棋利于开发中小学生的智力。但是中小学生下棋一定要适度，切忌痴迷于此；要正确看待胜负，注意脑力活动与体力运动相配合。值得提醒的是，下棋若耗神过度，不仅不会给大脑带来益处，反而会损害大脑。

4.美术利于开发智力

智力是人在认识事物和思辨过程中各种能力综合参与的产物，是人类认识并改造世界，以适合自身的生存及发展需要的心理结构。而美术具有培养观察力、记忆力、思维能力、创造力、想象力的功能，成为开发智力的一个重要工具。美术在开发中小学生智力的过程中，具有以下几个作用：

（1）可培养中小学生的视知觉能力。每个人的视知觉能力不同，同样的物体给不同的人的感觉是不一样的，也许是线条美，也许是体积美。相同的物体，让不同的人去感受并将其画出来，风格自然也会不同。因此，在美术的表现手法上出现了不同的美术流派。中小学生在学习美术的过程中获得了审美的能力，从而促进了智力的发展。

（2）利于观察力和记忆力的发展。观察物体的过程其实就是记忆的过程。写生和命题作画是现代美术教育对中小学生的要求。写生即现场对某一物体进行观察并将其画下来，这是对中小学生观察力的一种锻炼。而命题作画则是凭借自己平时观察物体的记忆来绘画，这需要中小学生有很强的记忆力。形象的储存可以使人的创造或者智力活动得到满足，因此美术能促进人类智力的开发。

（3）利于思维能力的发展。思维是大脑对现实的加工反映。观察事物之后，对其加以分析与概括，并掌握其发展的规律，这样才能有所发明与创造。中小学生在学习、掌握与运用知识的过程中，思维能力起着极其重要的作用。画画好的中小学生思维比较活跃，想象力也比较丰富。这是因为他们在画画的过程中接触的事物比较多，受到的感知刺激也比较多，因此，积累了丰富的感性知识，从而有利于进行积极的形象思维活动。

（4）利于培养丰富的想象力。丰富的想象力是取得学习与工作成绩的重要因素。没有想象就没有创造，许多有才能的艺术家都是富于联想的，在深入思考的过程中举一反三，由此及彼，于是就有了创造的灵感。将某一个领域的知识技能运用到其他领域，许多奇迹皆由此诞生。因此，中小学生可将自己的遐想与好奇引至艺术及科学的领域内，而美术恰恰为中小学生提供了一个大胆想象的广阔天地。

（5）提高概括、分析与判断能力。画得像并不是美术的最高标准，中小学生应在掌握结构、比例、透视关系的基础上，对物体的形象特征进行高度的概括，并摄取该物体的精神特征。中小学生在画画的过程中要学会取舍并懂得处理疏密关系，这有利于培养中小学生的概括能力。

5.练习书法提高智商

书法练习过程中，中小学生要专注并将每一个字写好，离不开手、眼睛与大脑之间的配合，以及双手不同动作及全身肢体间的配合。

书法利于培养观察能力。中小学生在拿到一本字帖时，首先要读帖，并找到该字帖的特点，发现该字帖的好处，否则就不会产生好感，学的时候自然也就没有兴趣。此外，书法欣赏是培养中小学生观察能力的一个重要项目，也是发展心智的一个重要途径。

书法益于大脑的发育。在书写的时候需要手和脑之间的配合来完成韵律优美与复杂细腻的动作，对智力发展非常有益。

书法利于培养善于琢磨与体会的好习惯。观察是表面的、感性的，分析、比较、研究则是内在的、理性的。中小学生要想练好书法，就一定要具备分析、比较的能力，对照字帖将自己临摹的欠缺找出来，并能表现出不同字帖字体的不同特征。

书法利于培养中小学生的创新能力。空间范围限制了汉字结构单位的组合，不管一个字的笔画有多少，一定要匀称地分布在一个方块空间内。因此，练习书法有利于培养中小学生缜密的思维能力，使形象思维及直觉思维紧紧联系在一起，利于谋事周全、着眼全局的良好品质的培养。

练习书法可提高大脑左右半球的协调能力与大脑反应能力。中小学生的书写水平越好，大脑右半球的反应灵敏度就越高。因此，书法练习有利于提高中小学生的智力。

6.打乒乓球健脑

中小学生适量打乒乓球有以下好处：

（1）利于锻炼身体。打乒乓球是一项全身运动，具有变化多、速度快的特点，在进行该项运动时活动了全身的关节组织与肌肉，使上下肢活动能力与动作速度均得到提高。

（2）利于增强智力，提高效率。在时间允许的情况下，如果有一位合适的对手作为陪练，那么打乒乓球会成为提高中小学生手、眼配合能力的最佳运动方式，是开动脑筋的一个好方法。

（3）利于灵敏、协调、反应与操作能力的提升。乒乓球的娱乐功能与竞技性特点十分明显，使得它成为一项调节神经、保持活力与培养机智果断、勇敢顽强等品质的运动。

（4）利于预防近视眼。打乒乓球不仅要手快，更要眼快，由于球速很快，落点或左或右，或近或远，有时旋转，有时不转，为了判断准确，需要通过眼睛来获取球的信息，这使得眼球一直在快速运动，且要与大脑进行快速的反馈联系，对于学习压力过大、总是近距离看书的中小学生而言，打乒乓球这种调节眼睛与视力的体育运动能够有效地改善眼睛睫状肌的功能，利于预防近视眼，从而保护视力。

（5）利于培养良好的心理素质。由于乒乓球的锻炼价值以及自身的特点，使得热爱打乒乓球的中小学生慢慢形成了超出常人的良好心理素质。

（6）利于提升精力。喜欢打乒乓球的中小学生往往有这样的体会，即在紧张的学习之余，打一会儿乒乓球让自己出一身汗，会感到非常惬意，随之而来的还有旺盛的精力和振奋的精神。在之后的学习期间，中小学生会有脑清身轻的感觉，因此，打乒乓球十分适合整天坐在教室、精神高度集中的中小学生。

（四）习惯与智力

1.保持充足的睡眠健脑益智

睡眠是人的一种生理需要，这种生理需要会伴随人的一生。每个人生命的约1/3时间会在睡眠中度过，并以此来维持人体的正常活动。

人体在经历了一天的辛劳之后，需要得到休息。大脑在工作的时候，需要某种氮化合物，而只有在睡眠的时候，大脑才能制造出大量的氮化合物为醒来后的工作做好准备。从这个意义上来讲，充足的睡眠对于人脑来说除了是一种休息，更是一种人体的生理需要。

中小学生在疲劳的时候，大脑细胞的活动能力会降低，记忆力会下降，从而影响到学习的效率。知道这一点，对于临考之前“开夜车”的中小学生极为重要。大量事实证明，那些在临考前熬夜苦读的中小学生，考试成绩并不是很理想。与其“开夜车”搞得自己疲惫不堪，还不如按时上床睡觉。有了充足的睡眠，第二天起床后会精神焕发，头脑灵活，记忆效率会大大提高。

2.网瘾有损脑健康

网瘾是过度使用互联网而引起的一种心理疾病，开始的时候只是精神上的渴望、依赖，接着就会发展成为躯体上的依赖，主要表现有头昏眼花、情绪低落、紧张焦虑、双手颤抖、注意力不集中、疲乏无力等。

上网的时间过长，会使大脑神经中枢持续处于高度兴奋状态，从而导致肾上腺素水平异常增高，交感神经过于兴奋，血压升高，自主神经功能紊乱。此外，还会诱发紧张性头疼、胃肠神经官能症、心血管疾病等。因此，为了减轻网络对大脑的损害，中小学生应该正确使用网络，严格控制上网时间，一次连续上网最好不要超过1小时，每天上网最好不超过3小时。

中小学生在没有得到父母同意的情况下，不要在网上轻易将自己及家庭的真实信息告诉他人等。

3.长时间使用手机有损脑健康

一般来讲，中小学生使用手机不仅会影响学习，还会在同学间产生攀比的心理。因此，中小学生不宜过早使用手机。另外，与成人相比，中小学生的免疫系统更加脆弱，极易受到手机辐射的影响，而手机辐射会对脑部神经造成损害，引起睡眠失调、记忆力减退及头痛。声音达到85分贝就会对听力造成损害，若中小学生经常玩手机游戏，还有可能造成耳聋。

建议中小学生最好不要使用手机，最起码不要在学校里使用手机。

4.饮用过多含糖饮料会使人变笨

许多中小学生喜欢喝含糖饮料。饮料中的甜味主要来自糖分。糖是人体不可或缺的一种物质，它为机体提供了热量，促进了生长发育，还会参与很多生命活动过程。但若喝太多含糖饮料，除造成龋齿发生、诱发糖尿病、引起肥胖症等外，还会对智力与性格的发展带来危害。

人体内葡萄糖的氧化反应，需要一种含有维生素B的酶，而含糖饮料中糖分过多，机体为了加速糖的氧化，就使得大量的维生素B被消耗，导致维生素B不足。维生素B不足会导致中小学生体内的葡萄糖氧化不全，在脑组织中蓄积代谢中间产物，使智力发育及中枢神经的活动受到影响，导致智力水平下降。主要表现为烦躁易怒、情绪不稳、多动、精神涣散、易惊醒、睡不安稳等。此外，维生素B不足，很容易导致视神经炎，使中小学生视力减退。喝过多含糖饮料，还会使体内钙的含量降低，从而导致眼球巩膜弹性降低，眼球变长，于是轴性近视也就形成了。

现代医学认为，人体内的一些蛋白是“长寿蛋白”，该蛋白性能比较稳定，经过很长一段时间后才会开始新陈代谢，但当蛋白质和血糖结合，“长寿蛋白”分解的速度就会加快。因此，中小学生应避免空腹吃糖，尤其是在清晨及晚餐前的1～2小时不要吃糖。

建议中小学生不要喝过多含糖饮料，最好的饮料是白开水。

5.中小学生饮酒损伤大脑

中小学生正处于成长发育阶段，身体的各器官尚未发育成熟。中小学生饮酒不仅会损害身体健康，影响身体的正常发育，而且还会造成学习退步，甚至走向犯罪道路。对中小学生来讲，饮酒有百害而无一利，因此，中小学生不宜饮酒。

6.生活习惯与大脑健康

（1）饥饿时用脑。一些中小学生不吃早餐，这样在上午就会一直处于饥饿的状态，血糖低于正常供给水平，不能够供应大脑所需要的营养。若长期如此，就会使中小学生的思维功能受到严重的影响。

（2）不愿意用脑。大脑向来都是越适度用越好用，越适度用越灵活。科学合理地用脑，不但有利于延缓神经系统的衰老，而且还会通过神经系统对机体功能产生调节控制的作用，进而达到健脑的目的。若中小学生遇到问题不愿思考，总是依靠父母、老师或者其他同学，久而久之就会变得懒散，对身体和大脑的健康是极为不利的。

（3）病时用脑。若中小学生在得病或者身体欠佳的时候，勉强坚持学习，不仅效率会降低，而且会损害大脑，造成身体康复缓慢。因此，中小学生在生病时一定要注意休息，不要强行用脑。

（4）过分用脑。在科学合理用脑的基础上，大脑越用越灵，但若过分用脑，或者总是脱离实际地殚精竭虑，将会对身体与大脑带来不利的影响。

（5）蒙头睡觉。一些中小学生喜欢蒙头睡觉，这样被子里的二氧化碳浓度会越来越高，而氧的浓度会越来越低。若长时间吸入这种污浊的空气，就会影响大脑的健康。

（6）睡眠不足。睡眠是大脑消除疲劳的一个极其重要的方式。若中小学生睡眠质量太差，或者长期睡眠不足，脑细胞的衰退就会加快，即使是一个比较聪明的人，也会变得越来越糊涂。

（7）长期吸烟。吸烟有害健康，研究证实，长期吸烟会导致脑组织呈现不同程度的萎缩。因此，为了让自己有一个健康的大脑，中小学生一定不要吸烟。

良好的生活习惯利于智力的发展，而不良的生活习惯则会造成智力的下降，因此，中小学生应从小养成良好的生活习惯。

（五）运动健脑

1.科学运动利于提高大脑功能

中小学生进行适量有氧运动，可为大脑供应更多的氧，从而提高大脑的功能。适量体育锻炼还可以促进脑细胞的再生。

脑组织没有能源储备，脑细胞正常工作的前提是氧与葡萄糖的不断供应，而氧和葡萄糖进入大脑的唯一途径就是血流。因此，脑血流量的增加是提高大脑功能的基础，而运动正好具备这样的功能。脑力工作者需要的氧与葡萄糖要多于一般人。特别是对中小学生来说，即使学习再累也应该抽出一些时间参加运动，以提高大脑的工作效率。研究证实，如果能够经常进行适量的、有规律的运动，大脑中的海马体会长出更多的细胞，人的思维、反应及感觉就会变得更加灵敏。

尽管大脑发育大部分是在孩童时期进行的，但这并不意味着所有的细胞在进入成年阶段就不再生成。人的大脑有大约1000亿个神经元，进入成年阶段神经元细胞依然会产生并发生变化。尽管其中的一些会随着年龄的增长而衰退，但若中小学生坚持适量运动，便可促进脑组织内神经生长因子的分泌，阻止大脑功能的退化。运动还是天然的抗焦虑、抗抑郁药物。一个人要想保持头脑的活力，就一定要进行适量的体育锻炼。

规律的有氧运动，如骑自行车、做瑜伽、游泳、慢跑、快走等，中小学生适量进行有氧运动可使心情平和愉悦，从而摆脱失眠的困扰；可提高睡眠质量，使大脑得到更好的休息；可提高认知能力，使中小学生从容面对学习。

适量的有氧运动利于身心健康，可提高大脑功能，但切忌过量运动、过多剧烈运动，因为过量运动可导致肌肉的需氧量急速增加，使大脑血流减少并处于相对缺氧的状态，从而影响大脑的正常功能等。

2.适合中小学生的健脑运动

（1）健走。适量健走是一项非常有效的心肺练习，与普通的行走相比，心率起码提高13%。适量普通的步行也是可以的，最好的运动就是步行。

（2）瑜伽。研究表明，瑜伽可以使人放松心情，也可以提高人自身的控制能力，但一定要适量。

（3）舞蹈。适量的舞蹈利于健脑，但一定要注意适量与安全。

（4）骑自行车。人在适当的运动后会分泌一种快乐激素，使人精神愉快、心胸开朗。适量骑自行车就可以产生这一类型的激素。骑自行车还会加速血液循环，让大脑吸入更多的氧气，因此，中小学生在骑自行车后会感到思维清晰、头脑清楚。要注意的是，骑自行车不可过久，过久容易得前列腺疾病等。

（5）搏击。搏击运动需要不停地跳动，且需要手脑并用。搏击的每一个动作都是大脑经过快速缜密思考后进行的。中小学生在进行搏击运动的时候，大脑皮质神经会处于最佳状态，但一定要注意适量与安全。

（6）打乒乓球。适量打乒乓球有利于促进大脑血液循环，为大脑提供充分的能量，具有健脑之功。打乒乓球时眼睛需要盯着乒乓球，不停地上下、左右、远近调节与运动，不断地使眼球外肌及睫状肌交替舒张和收缩，有助于促进眼球组织的血液供应及代谢，使睫状肌得到有效的改善，有利于预防近视眼。

（7）滑雪。滑雪需要眼、手、腿、脚的密切配合，可使中小学生的反应速度得到最大限度的训练。尤其是高山滑雪运动会使中小学生产生成功感，利于增强自信心，锻炼身体的灵活性和柔韧性，但一定要注意适量与安全。

3.健脑的交替运动

交替运动能让人体的各系统生理功能交替锻炼，是根据相对医学而产生的一种健身观念和方法，同时也是提高自我保健能力的一项措施。

下面介绍一些方便有趣的交替运动，适量锻炼将给中小学生的身心健康与大脑健康带来很大益处。

（1）动静交替。该交替运动要求中小学生适当进行脑力与体力的活动训练，此外，每天要抽出一部分时间，让自己的身体与大脑静下来，放松全身的肌肉，摒去一切杂念，这有利于调节中小学生全身脏器的功能。

（2）体脑交替。该交替运动一方面要求中小学生适量进行跑步、爬山、游泳、劳动等体力锻炼，另一方面则要适量进行智力游戏、棋类活动、背诵单词或诗词等脑力锻炼。这不仅可增加中小学生的体力，还利于健脑。

（3）左右交替。该交替运动要求中小学生的左侧肢体与右侧肢体做适量交替运动。如果经常使用右手，那么，有机会就要活动自己的左手，例如可以用左手练球。虽然手很小，但它的作用却很大，支配一个大拇指的大脑皮质基本上是支配整个大腿大脑皮质的10倍。很多中小学生很少用自己的左手，这样大部分的右侧大脑皮质就会闲置。反之，若经常使用左手，很少用右手，那么左侧大脑皮质就会闲置。

（4）上下交替。虽然不能否认由于直立行走而形成的手足分工是一种进步，但是它也带来了消极的影响。例如在双足的精巧动作功能变得迟钝的同时，支配双足的大脑皮层功能也会退化。因此，人的灵活性、机动性、对外界的反应与敏捷性也会随之降低。上下交替运动要求中小学生不仅要坚持适量上肢活动，还要让自己的双足做一些夹取物品的活动等。此外，也可以根据自身的情况，酌情做一些倒立运动，这利于增强中小学生的机敏性，降低脑血管疾病的发生率。

（5）前后交替。人们都习惯向前走，这样大脑皮层运动就会形成“定势”。若想使这种“定势”发生改变，可以每天适量做一些向后退的动作。这样可以让下肢关节变灵活，思维变敏捷，还可以防治腰腿痛，但一定要注意安全。

4.坚持适量散步利于提高智商

最简单易行的健身运动非散步莫属。尽管散步简单，但促进身心健康的效果却十分显著。中小学生适量散步，不仅可以保持身材，还可以让自己变得更聪明。适量散步能够使全身的筋骨、关节、肌肉均得到运动，有助于促进消化及吸收。

5.适量运动利于防治抑郁症

意志减退、情绪低落、思维迟钝等是抑郁症的主要症状。以下几种运动有利于防治抑郁症：

适量散步。尽可能选择在安静、优美的环境中散步，这样不仅可以使人体心肺功能得到改善，提高摄氧量，还可以使人产生愉快的情绪。

适量跑步。人在跑步的时候，大脑会分泌出大量的内啡肽，也称快乐激素。它可以使人产生满足、愉快、欢乐的感觉，使人的忧郁与压力得到排解。

适量跳绳。跳绳可以增加协调性，且在运动过程中头部需要上下移动，从而可有效地加强前庭功能，使中小学生产生良好的心理感受，对自己充满信心。

无论中小学生是否有抑郁症的倾向，都应该适量参加运动，只有这样才能让自己远离疾病。

3

第三章

疾病预防

一、按时接种疫苗

科学研究表明，当细菌或病毒侵入人体时，人体会产生一种抵抗这种细菌或病毒的物质，叫作抗体。针对不同的细菌或病毒，人体会产生不同的抗体，称为特异性抗体。病愈之后，这种特异性抗体仍然会存留在人体内，如果再有这种细菌或病毒侵入体内，特异性抗体就能保护身体免受伤害。

预防接种通称打防疫针，是通过注射或口服等方式，使疫苗进入人体并产生抵御某些细菌或病毒的能力，保护身体不得某些疾病。通过开展预防接种，可以有效预防、控制，甚至消灭一些严重危害人类健康的疾病。预防接种是预防和控制传染病最经济、最有效的手段，因此，出生后就要按照国家卫生健康委员会的有关规定按时注射疫苗。不同的疫苗有不同的免疫程序，这是根据临床试验与多年科学实践制定的。如乙肝疫苗、百日咳-白喉-破伤风联合疫苗、脊灰疫苗等至少需要完成3剂接种才能使儿童产生足够的免疫力。随着孩子长大，体内原有通过接种疫苗获得的免疫力也会逐渐下降。因此，有些疫苗还要求进行加强免疫。

儿童家长或儿童监护人要按规定建立预防接种证并妥善保管，预防接种证是儿童预防接种的有效记录凭证。《中华人民共和国传染病防治法》明确规定：国家实行有计划的预防接种制度，国家对儿童实行预防接种证制度。

（1）儿童在出生后1个月内，儿童家长或监护人应携带儿童出生时医院提供的《新生儿首剂乙肝疫苗和卡介苗接种登记卡》到其居住地预防接种单位建立儿童预防接种证。

（2）在暂住地居住3个月及以上的流动儿童，由现居住地接种单位负责建立预防接种卡（簿）。如果没有或丢失了预防接种证，家长应到预防接种单位建立或补办预防接种证。

（3）在暂住地居住3个月以下的流动儿童，可由现居住地接种单位提供接种证明。

（4）对那些未按规定接种国家免疫规划疫苗的漏种儿童，要劝其到当地疾病预防控制机构指定的预防接种门诊进行补种。

（5）预防接种证要长期保存，孩子在入托、入学和出国时都需要查验。

家长要按照规定的免疫程序带儿童接种疫苗。

由于个体差异，少数人接种疫苗后可能会产生一些不良反应，如皮肤注射局部轻度肿痛，发热和周身不适等症状，一般可在1～2天内消失，不会造成机体组织器官、功能损害。极少数人在接种疫苗后会发生过敏反应，过敏性休克大多发生在半小时之内，如果不在医务人员监护范围之内就容易发生危险。因此，①应到卫生行政部门认定的合格预防接种门诊进行预防接种。②在接种前，要向接种人员如实提供接种者的健康状况，以便接种人员判断是否可以接种。有明确禁忌证的人不宜或暂缓接种疫苗。③接种疫苗后不要立刻离开接种点，应在观察室留观30分钟后再离开。④如发现接种后出现可疑情况，应立即咨询专业人员，必要时就医，以便得到及时、正确的处理。

二、传染病的预防控制

（一）红眼病

红眼病，学名流行性出血性结膜炎，是一种急性眼部传染病，传染性极强，很容易在幼儿园、学校等集体单位传播流行。该病全年均可发生，春、夏季节多见。

红眼病主要通过接触传染，最常见为眼—手—眼的传播，另外，接触患者用过的毛巾、洗脸用具、水龙头、门把手、游泳池的水、公用玩具等也会被传染。

红眼病多是双眼先后发病，患者常感到双眼发烫、怕光、眼红、眼睛痛、眼皮红肿、眼屎多、易流泪；早晨起床时，眼皮常被眼屎粘住，不易睁开。严重的还伴有头痛、发热等全身症状。红眼病一般不影响视力。

得了红眼病应积极科学治疗，在医生的指导下合理用药。眼屎较多时，可用生理盐水冲洗眼睛，每天2～3次，并用消毒棉签擦净眼睑边缘。如为细菌性感染，可选择适当的抗生素眼药水滴眼，根据病情轻重，每2～3小时或每小时滴眼药1次；睡前可涂抗生素眼膏，每次点药前需将眼屎擦洗干净，效果才好。一般说来，发病3～4天时病情最重，随后慢慢减轻，10～14天就完全好了。

预防红眼病要养成良好的卫生习惯，饭前、便后、外出回家后要及时用洗手液或肥皂洗手，避免用手揉擦眼睛。在红眼病流行季节，最好去正规且消毒条件完善的游泳池游泳，公共游戏池应严禁红眼病患者进入。

（二）肠道传染病

肠道传染病是由多种细菌与病毒感染引起，以消化道症状为主的传染性疾病。病人或病原携带者的粪便、呕吐物排入水源，洗涤被病原体污染的衣裤、器具、手等均可使水受到污染。在食品的生产、加工、运输、贮存与销售过程中均存在被病原体污染的危险。到处活动的苍蝇、蟑螂等昆虫也可造成病原体扩散。因此，把好病从口入关，养成良好的卫生习惯，是预防肠道传染病的关键。

（1）注意日常卫生。

（2）吃熟食、喝开水、勤洗手。

腹痛、腹泻、恶心、呕吐等是肠道传染病的早期症状，大多数传染病在发病早期传染性最强，学会识别肠道传染病的早期症状，做到早发现、早报告、早隔离、早治疗，不但可以提高治疗效果，而且可以防止疫情扩散。

（1）当出现腹痛、腹泻、恶心、呕吐等胃肠道症状时，要尽快去就近的医疗机构诊断与治疗，以免延误病情。

（2）如果出现群体性肠道传染病现象，应在去医院的同时向当地疾病预防控制中心报告，并保留残留食物。

（三）呼吸道传染病

呼吸道传染病患者的鼻涕、痰液等呼吸道分泌物中含有大量的病原体。若手接触到分泌物后，可通过握手、使用或接触衣物、文具、门把手、钱币等造成病原体的传播与扩散。

呼吸道传染病可通过咳嗽或打喷嚏等方式传播。病人或病原携带者在呼吸、咳嗽、打喷嚏时，可将带有细菌或病毒的呼吸道分泌物散布到空气中，易感的人随呼吸吸入或接触等方式感染后，经过一定时间的潜伏期就会发病。

当人体受凉后，呼吸道血管收缩，血液供应减少，局部抵抗力下降，病毒容易侵入。

预防措施：

（1）勤洗手。

（2）不随地吐痰。

（3）咳嗽、打喷嚏时，若手边没有纸巾、手帕，建议用胳膊肘遮挡口鼻。

（4）室内适当通风，保持空气流通。

（5）科学养生，增强体质。积极锻炼身体，生活作息规律，膳食均衡，增强体质，提高自身的抗病能力，降低感染呼吸道传染病的可能性。

（四）乙肝

乙肝是一种危害较大的病毒性传染病，可引起肝脏损害，造成急性与慢性疾病，但可以通过接种乙肝疫苗来预防。

（1）新生儿接种乙肝疫苗是预防乙肝的关键。因此，新生儿出生后要及时并全程接种3针乙肝疫苗。

（2）乙肝高危人群也要及时注射乙肝疫苗。主要包括乙肝高发区人群；医务人员；接触血液的人员；多次接受输血和血制品的患者；阳性者家庭成员，特别是配偶等。

乙肝病毒是通过接触受感染的血液或其他体液传染，而不是日常接触。日常生活与工作接触不会感染乙肝病毒。乙肝病毒携带者在生活、工作、学习与社会活动中不对周围人群和环境构成威胁，可以正常学习、就业与生活。预防乙肝应做到：避免不必要的注射、输血与使用血液制品，使用安全自毁型注射器或经过严格消毒的器具，杜绝医源性传播。

公众应正确理解乙肝传播途径，消除对乙肝患者的歧视，为乙肝患者提供正常的学习、工作环境。

（五）肺结核

肺结核是由感染结核分枝杆菌引起的一种慢性呼吸道传染病，主要通过肺结核患者咳嗽、打喷嚏时喷出的飞沫传播。

预防措施：

（1）勤洗手、多通风、强身健体可有效预防肺结核。

（2）咳嗽与打喷嚏时掩口鼻、不随地吐痰可减少肺结核的传播。

及时发现与规范治疗肺结核患者是防止肺结核传播的最有效手段。国家为初诊的肺结核可疑症状者，免费提供1次痰涂片（3份痰标本）与普通X线胸片检查；为活动性肺结核患者免费提供国家统一方案的抗结核药物、治疗期间的痰涂片检查（3次或4次，每次2份痰标本）和治疗结束时的1次普通X线胸片检查（初、复治患者各提供1次免费检查）。

（1）出现两周以上咳嗽、咳痰症状，应及时到结核病防治机构（包括结核病防治所和结核病定点医院等机构）就诊。

（2）肺结核患者要坚持完成全程规范治疗，这是治愈肺结核、避免形成耐药的关键。任何治疗的改变应通过医生决定。

（六）艾滋病

艾滋病是一种危害大、病死率高的传染病，通过性接触、血液与母婴三种途径传播。艾滋病病毒感染者与病人的血液、精液、阴道分泌物、乳汁、伤口渗出液中含有大量艾滋病病毒，具有很强的传染性。输入被艾滋病病毒污染的血液或血液制品，使用未经严格消毒的手术、注射、针灸、拔牙、美容等进入人体的器械，均能传播艾滋病。

预防措施：

（1）提倡无偿献血。

（2）避免不必要的输血与注射，使用经艾滋病病毒抗体检测的血液及血液制品。

（3）使用一次性或自毁型注射器。如条件不具备，注射器具必须做到一人一针一管，一用一消毒。

（4）理发、美容、修脚等服务行业所用的刀、针与其他刺破或擦伤皮肤的器具必须经过严格的消毒。

（七）其他传染病

1.血吸虫病的预防

血吸虫成虫常寄生于人或哺乳动物的肠系膜静脉中，雌虫在肠系膜静脉的血管里产卵，卵随血流到肠壁，能使肠壁破溃而进入到肠腔内，再随大便排出。血吸虫卵在水中孵出毛蚴，后钻入钉螺体内，不断繁殖，形成大量尾蚴。含有尾蚴的钉螺遇水，尾蚴不断逸入水中，人、畜下水接触到尾蚴而受感染，就得了血吸虫病。

预防措施：

（1）不在有钉螺的湖水、河塘、水渠里游泳、戏水、打草、捕鱼、捞虾、洗衣、洗菜等。

（2）因生产、生活和防汛需要接触疫水时，要采取涂抹防护油膏、穿戴防护用品等科学措施。

（3）防止人畜粪便污染水源，粪便需经过无害化科学处理后方可使用。

（4）积极配合当地血吸虫病防治机构组织开展的查螺、灭螺工作。

2.疟疾的预防

疟疾俗称“打摆子”，通过蚊虫叮咬传播。蚊子叮咬疟疾病人后，病人血液里的疟原虫就被蚊子吸入，经过10天左右在蚊体内发育成为有感染性蚊子，健康人被这种蚊子叮咬后就可能得疟疾。非洲、东南亚、中南美洲的一些国家和地区是疟疾高度流行区。预防疟疾的关键措施是防止蚊虫叮咬。

预防措施：

（1）做好个人防护，在户外穿遮挡性较好的衣物，比如长袖、长裤；暴露在外的皮肤可涂抹驱蚊剂。

（2）做好家庭防护，可使用蚊帐、纱门、纱窗等。

（3）疟区当地群众可用菊酯类灭蚊药浸泡蚊帐，有良好的效果。

（4）赴疟疾高度流行区学习与生活，要携带青蒿素类抗疟药品及蚊帐、驱蚊剂等防护品。

（5）回国入境时，若出现发热、发冷、头痛等症，应主动向口岸检验检疫人员申报，以便得到及时救治。

（6）回国后1个月内，若出现发冷、发热、头痛等症状，应及时到医院就诊，告知医护人员自己的出国史，便于医护人员排查疟疾。

3.手足口病的预防

手足口病是由多种肠道病毒引起的一种儿童常见传染病，患者以5岁及以下儿童为主。肠道病毒可经胃肠道（粪—口途径）传播，也可经呼吸道（飞沫、咳嗽、打喷嚏等）传播，还可因接触患者口鼻分泌物、皮肤或黏膜疱疹液及被污染的手及物品等造成传播。

预防措施：

（1）饭前、便后、外出回家后要用肥皂或洗手液给儿童及时洗手。

（2）在手足口病流行期间不宜带儿童到人群聚集、空气流通差的公共场所；避免接触患病儿童。

（3）儿童出现发热、出疹等相关症状要及时到正规医疗机构就诊。

（4）居家治疗的患儿，要避免与其他儿童接触，以减少交叉感染；父母要及时对患儿的衣物进行晾晒或消毒，对患儿的粪便要及时进行消毒处理。

三、慢性病预防控制

（一）超重与肥胖

1.肥胖是怎么回事

肥胖是一种疾病，可增加高血压、糖尿病、血脂异常、冠心病、动脉粥样硬化、缺血型卒中、内分泌相关的癌症与消化系统癌症、内分泌及代谢紊乱、胆结石、脂肪肝、骨关节病及痛风的患病风险。遗传基因在肥胖的发生中有一定的作用，更重要的是环境因素，尤其是不健康生活方式的影响。

肥胖是能量的摄入超过能量的消耗以致体内脂肪过多蓄积的结果。超重与肥胖者应通过控制饮食与积极运动控制体重。适量控制饮食，减少摄入的总能量是控制体重最重要的基础治疗。积极适量运动，可使身体的代谢率增加，更多地消耗体内多余的脂肪，是控制体重必不可少的重要手段。

（1）适量控制饮食。

超重与肥胖者应使每天膳食中的能量比原来减少约1/3。

限制与减少能量摄入应以减少脂肪为主，且应避免吃油腻食物与过多零食，适量增加新鲜蔬菜及水果在膳食中的比重。

限制饮酒，每克酒精可提供7千卡能量。

合理膳食，避免过度节食，防止产生神经性厌食症或在暴饮暴食后自行引吐等心理、行为障碍。

（2）积极适量运动。

以减肥为目的的运动时间应比一般健身时间长，且每天应累计活动30分钟以上，每次活动时间不少于10分钟。

肥胖者可根据减轻体重的需要，咨询专业人员制定个体化运动方案。

肥胖者体重负荷大，耐热性差，参加运动应特别注意避免运动损伤，且要循序渐进，适量运动。超重与肥胖者要长期坚持减重计划，速度不宜过快。若减重速度过快，不利于减重后的长期维持，且体重的急剧变化会对健康有不良影响，比如引发骨关节病、胆囊病、骨质疏松等。

（二）血脂异常

1.血脂异常是怎么回事

血脂异常（又称高脂血症），是指血脂水平超出了正常范围，主要有以下几种类型：血清中总胆固醇（TC）水平过高，低密度脂蛋白胆固醇（LDL-C）水平过高，高密度脂蛋白胆固醇（HDL-C）水平过低，甘油三酯（TG）水平过高。

2.怎样预防高血脂

控制饮食与改善生活方式是血脂异常治疗的基础措施，对多数血脂异常者能起到与降脂药相似的治疗效果。

因此，无论是否进行药物调脂治疗，均必须坚持控制饮食与改善生活方式，有效控制血脂可以有效预防并减少心脑血管疾病的发生。

（1）少吃饱和脂肪酸与胆固醇含量高的食物。

少吃脂肪含量较高的动物性食品，可代之以鱼肉、鸡肉、瘦肉等，但每人每日不超过2两。

少吃油炸类食品，少吃植物奶油糕点与其他甜食（如冰激凌、雪糕等）。

尽量使用植物油，不使用棕榈油、猪油、黄油、奶油等。

适量选择能够降低低密度脂蛋白胆固醇的食物；适当增加大豆类食品的摄入，增加富含膳食纤维的新鲜蔬菜的摄入。

（2）减轻体重。

（3）适量运动。

（4）戒烟限酒。中小学生不要饮酒。

（5）及时就医，遵医嘱服药，定期复查。

（三）高血压

1.高血压是怎么回事

高血压是导致心脏病、脑血管病、肾脏病发生和死亡的最主要的危险因素。早期高血压通常无症状，定期监测血压有助于了解血压水平，尽早发现高血压。在未使用抗高血压药的情况下，非同日三次测量，收缩压均≥140mmHg和（或）舒张压≥90mmHg者，可确诊为高血压。

级别	收缩压（mmHg）		舒张压（mmHg）
正常血压	<120	和	<80
正常高值	120～139	和（或）	80～89
高血压	≥140	和（或）	≥90
1级高血压（轻度）	140～159	和（或）	90～99
2级高血压（中度）	160～179	和（或）	100～109
3级高血压（重度）	≥180	和（或）	≥110
单纯收缩期高血压	≥140	和	<90

2.怎样预防高血压

（1）保持合理饮食。

（2）坚持适量运动。

（3）戒烟限酒。中小学生不要喝酒。

（4）保持正常体重。

（5）调节情志，保持乐观。

（四）糖尿病

1.糖尿病是怎么回事

糖尿病是由胰岛素分泌及（或）作用缺陷引起的以血糖升高为特征的代谢病，可分为1型、2型、其他特殊类型与妊娠糖尿病4种。长期血糖控制不佳的糖尿病患者，可伴发各种器官，特别是眼、心、血管、肾、神经损害或器官功能不全或衰竭，造成残疾或者早亡，对健康危害严重。糖尿病患者可能出现的症状有：口渴与口干，多饮、多尿、多食、体重下降（就是常说的“三多一少”），疲倦与视力模糊。但有些2型糖尿病患者很少有症状或根本没有症状。

糖尿病的诊断必须依靠血糖测定。符合以下任何一个条件，可以诊断为糖尿病：

有糖尿病症状，同时任意时间血糖≥11.1mmol/L（200mg/dl）。

空腹血糖（FPG）≥7.0mmol/L（126mg/dl）。

口服葡萄糖耐量试验（OGTT）2小时血糖水平≥11.1mmol/L（200mg/dl）。

2.怎样预防糖尿病

除了遗传因素，身体活动减少及（或）能量摄入增多导致的肥胖是2型糖尿病患者最常见的危险因素。肥胖的人体重若能减轻5千克左右，就可降低患糖尿病的风险。

（1）合理饮食，适量控制每日总能量摄入。

（2）适量运动，每周中等强度运动150分钟或更多。

（3）保持正常体重，BMI控制在24以下。

（五）癌症

1.肿瘤与癌症是一种什么样的病

肿瘤是由多种原因引起人体细胞反应增生而形成的异常新生物，分为良性肿瘤和恶性肿瘤两类。

癌症指的是恶性肿瘤。癌症的主要特性之一就是侵犯周围组织（浸润性）和向远处转移，如不能及早发现、诊断和治疗，可危及生命。虽然肿瘤可能在几个部位同时开始生长，但这是不常见的，通常肿瘤仅在一个地方开始生长，该部位称作原发部位。如果发生转移，通常是最初的或原发的肿瘤脱落的细胞碎片移动到身体其他部位。其播散有3种方式：直接播散、血液播散、淋巴系统播散。

良性肿瘤生长缓慢，可以多年不变。良性肿瘤周围几乎都有完整的包膜，很像西瓜皮，因而呈膨胀性生长而不向周围组织浸润，完全切除后，一般不会复发，更不会发生转移。除了生长在身体特殊部位（如脑、脊髓）的良性肿瘤以外，良性肿瘤对人体危害较小。

2.怎样预防癌症

（1）改变不健康的生活方式

倡导健康生活方式、远离危险因素是预防癌症的第一要务。

①戒烟限酒。中小学生不要喝酒，更不要吸烟。

②适量科学运动。

③保持正常体重。

④接种乙肝病毒疫苗。

⑤改善居室通风条件，并适当通风。

⑥避免长时间的强烈阳光照射。

⑦保持周围环境卫生，减少污染。

（2）远离烟草

吸烟是引起肺癌、喉癌、口腔癌、咽癌与食道癌的主要原因，更是膀胱癌、胰腺癌、肝癌、子宫颈癌、肾癌、胃癌、结直肠癌与某些白血病的促进因素。

①不吸烟。

②吸烟者要尽早戒烟。

③尽量避免被动吸烟（吸二手烟）。

（3）健康饮食

许多癌症的发生与不健康的饮食关系密切，比如食道癌、肝癌、胃癌、结直肠癌等。

①少吃熏制、腌制食品，比如经亚硝酸盐处理过的肉类、熏制食物与泡菜等。

②少吃过烫、过咸、过硬的食物，限制盐的摄入（包括盐腌食品或用盐加工的食品，每天不超过6克）。

③少喝含糖饮料，限制高糖、低纤维、高脂肪、肉类食物的摄入。

④避免过量进食红肉（比如牛肉、猪肉、羊肉）与加工的肉制品。

⑤少喝含酒精的饮料，可预防喉癌、食管癌、肝癌等的发生）。

⑥不食用发霉的谷类与豆类，比如霉变的花生米、玉米、黄豆等。

⑦少用辛辣调味品，比如肉桂、茴香、花椒、肉蔻等（过量食用这些食物有可能促进癌细胞的增生，从而加速癌症的恶化）。

⑧提倡通过膳食本身满足营养需要，不要依赖营养补充剂。

⑨适量食用不同种类的新鲜蔬菜、水果、豆类、菇类食物（增加体内的维生素，抑制癌细胞的繁殖）。

⑩适量食用富含膳食纤维的食物，如胡萝卜、芹菜、莴笋等蔬菜。

（4）预防和治疗有关病毒与细菌等感染

世界卫生组织公布，全世界约有1/5的癌症是由慢性感染引起的，比如乙肝病毒、丙肝病毒与肝癌发生有关，幽门螺杆菌与胃癌发生有关。

①及时接种乙肝疫苗，预防乙肝病毒感染。若感染乙肝病毒应进行正规的抗病毒治疗。

②养成良好的饮食卫生习惯，预防幽门螺杆菌感染。一旦感染幽门螺杆菌应到医院进行正规治疗。

（5）采取针对性措施预防不同的癌症

癌症有多种，不同的癌症预防控制的侧重点及措施不同。

①预防肺癌：以控烟为主，不吸烟、避免吸二手烟；改善居室通风条件。

②预防食道癌：避免进食过快、过热、过粗或具有强烈刺激性的食物；不吃发霉变质的食物；注意口腔卫生。

③预防胃癌：低盐饮食，每天不超过6克盐；不吃发霉变质的食物；不暴饮暴食；经常适量食用豆制品、新鲜蔬菜、水果等；及时根治幽门螺杆菌感染。

④预防肝癌：以接种乙肝病毒疫苗为主；不吃发霉变质的食物，尤其是发霉的玉米、花生、大米、高粱等；不过量饮酒。

⑤预防结直肠癌：进食低脂肪食物；适量食用新鲜的蔬菜与水果。

（6）“早发现、早诊断、早治疗”是提高癌症治愈水平的关键

世界卫生组织认为，通过早期发现与充分治疗，有1/3的癌症可以治愈。相当一部分癌症有警示症状，只要保持警惕，及时就诊，就可以早期发现。一旦出现可疑症状，应及时就医，及早治疗。世界卫生组织提出如下癌症

早期征兆：

身体出现硬结或硬变，例如乳房、皮肤等。

疣或黑痣有明显变化。

持续性消化不正常、声音嘶哑、干咳及吞咽困难。

鼻、耳、膀胱或肠道不明原因的出血，月经期除外。

不愈的伤口，不消的肿胀。

原因不明的体重减轻。

四、其他疾病预防控制

（一）脊柱弯曲异常

人类之所以能够直立行走，运动自如，主要靠的就是脊柱。人体脊柱并不是笔直的，它有4个正常的生理性弯曲。这些弯曲的形成是与人类的直立行走相适应的，能缓冲剧烈运动时对脑的震荡，并有利于身体平衡。若脊柱失去正常的生理弯曲或在生理弯曲之外出现脊柱弯曲异常（脊柱弯曲异常通常表现为含胸、驼背、左右肩高低不一致），这不仅影响一个人的体形，还妨碍心、肺等重要脏器的生长发育及其功能的正常发挥。

脊柱骨及其韧带有很大的柔韧性、可塑性，不易骨折，但在外力作用下却很容易变形。中小学生正处于生长发育期，阅读、书写或劳动的姿势不正确，很容易造成脊柱弯曲异常。

造成脊柱弯曲异常的另一个原因是缺乏体育锻炼。尤其是身体素质较差的同学，本身肌张力比较低，又不喜欢参加体育锻炼，在不良姿势的长期作用下，就会出现脊柱弯曲异常。

脊柱弯曲异常会对身体带来较大的危害，必须引起高度重视。那么，怎样才能预防脊柱弯曲异常发生，保证身体的健康成长呢？一定要记住下面几点。

（1）养成正确的坐、立、行姿势。坐在座椅上时，脊柱要保持正直，不过分前倾、不歪斜、不耸肩、不侧身、不伏在桌面上，骨骼尽可能多地承担身体的重量，把肌肉负担减低到最小限度。另外，大腿要放平，两脚要着地。站立时要适当变换各种姿势，使各骨骼关节受力均衡，有利于人体各骨骼关节的生长发育，形成健美的体态。尤其是青少年在生长发育期，更应重视“适立养骨”。

（2）使用适合自己身高的课桌椅。

（3）改变单肩背书包与单手提重物的习惯，注意养成左右两边轮流背书包与提重物的习惯。

（4）加强体育锻炼，认真上好体育课，做好每一节课间操。

（5）保证合理的营养，适量吃蔬菜、水果、鸡蛋、牛奶等，以促进脊柱正常发育。

已形成脊柱弯曲异常的同学，可以在医生或体育老师的帮助下做矫正体操，加强背部肌肉的紧张力，纠正身体的不良姿势，使躯干两侧的肌肉得到平衡发展，消除已存在的异常弯曲。

（二）感冒

1.普通感冒是怎么回事

普通感冒以鼻咽部症状为主要表现，可见鼻塞、打喷嚏、流鼻涕、发烧、咳嗽、头痛等症。常见的病原体有鼻病毒、冠状病毒、流感和副流感病毒等。全年皆可发病，冬春季节多发。

2.流行性感冒是怎么回事

流行性感冒简称流感，是由流行性感冒病毒引起的急性呼吸道传染病。其最显著的特点是：突然暴发，迅速传播蔓延，波及面广。流感流行具有一定的季节性，我国北方常发生于冬季，南方多发生在冬夏两季。流感的发病率高，据统计，我国每年的发病率为10%～30%，人群普遍易感。由于流感病毒抗原性变异较快，人类尚无法获得持久的免疫力。临床主要表现为高热、乏力、头痛、全身肌肉酸痛等症状而呼吸道症状轻微。

3.流感是怎么传播的

流感主要通过飞沫经呼吸道传播，也可通过接触被污染的手、日常用具等间接传播。

4.怎样预防流感

（1）控制传染源：发现疫情，及时掌握疫情动态，及早对流感患者进行呼吸道隔离和早期治疗。隔离时间为1周或至主要症状消失。

（2）切断传播途径：在流感流行期间，应避免集会等集体活动，易感者应尽量少去公共场所。注意通风，必要时对公共场所进行消毒。医务人员在工作期间戴口罩，勤洗手，防止交叉感染，流感患者的用具及分泌物使用消毒剂消毒。

（3）保护易感人群

疫苗预防：疫苗接种是预防流感的基本措施。我国目前使用的全病毒灭活疫苗、裂解疫苗和亚单位疫苗，均有很好的免疫原性，但应严格按照适应证使用。

中药预防：取野菊花60g，鱼腥草30g，忍冬藤30g，加水500mL，煎至200mL，1次服40mL，1日3次。

空气消毒：艾叶或艾条点燃烟熏或煮沸熏蒸消毒空气不仅有较好的灭菌效果，而且有一定的灭活病毒作用；苍术、香薷煎煮后喷洒或煮沸熏蒸可预防病原微生物感染。也可用食醋蒸汽熏蒸房间或喷雾进行空气消毒，方法是先将门窗关闭，按每立方米空间用5mL食醋计算，加等量水熏蒸或喷雾，偏酸的环境不利于感冒病毒的生长繁殖。

做好疫情监测与控制：加强疫情监测，及时了解疫情动态，早期发现病人，对防止疫情蔓延、降低发病率至关重要。一旦发现病人，应立即向当地疾病控制中心报告，以便采取防控措施。对临床典型流感病人进行积极治疗的同时，应就地隔离；对疑似病人和密切接触者进行医学观察，以控制流行。流感流行期间，对公共场所和集体单位要加强通风，必要时进行空气消毒；对群众开展健康教育，提高自我保护意识和能力，比如暂不集会、暂不探亲访友、不到人群密集的场所活动、出门戴口罩等，以减少受传染机会；平时要注意锻炼身体，增强体质。

（三）近视眼

2005年卫生部与教育部的一项调查显示，我国小学生近视率已达40%，中学生近视率为70%。专家们认为，这与国内计算机与手机普及率增高、学生负担过重、城市化进程加速等因素有着密切关系。因此，同学们要增强眼保健意识，预防近视眼的发生和发展。

造成近视的原因主要是后天环境因素，其中最主要的是用眼不当。近距离看东西时间过长，又缺少户外活动与体育锻炼，就容易造成近视。例如，在读书时，眼睛与书本距离过近，造成眼睛过度调节；躺着看书；学习场所光线过暗，书本上照度不足；光线过强，尤其是太阳光直射到书本上；长期不正确地看电视；操作计算机时间过长等，都会造成眼睛疲劳。

怎样才能不近视呢？首先就要从小养成良好的用眼习惯。读书、写字时姿势要端正，头不要歪，两眼平视，两肩不斜，眼睛离书本一尺（约33厘米）；握笔的手指离笔尖一寸（约3厘米）；胸部离桌子一拳。尤其要注意：不能躺在床上看书，更不能在光线暗的地方看书；坐车时不能看书，也不能边走路边看书；连续读、写的时间不能超过50分钟；坚持做眼保健操。

除了注意用眼习惯，还要注意保护好眼睛，如看书或做作业1小时就要看看远处的景物，多到户外活动；尤其看电视与玩计算机的时间不能太长，看电视与玩计算机1小时后，要休息10分钟。

每年到正规医院眼科检查视力，若发现近视，请医生诊断后验光配镜。配戴眼镜以后要定期复查视力，一般每半年检查一次视力，1～2年验一次光，若视力继续减退，就应另配度数合适的眼镜。

（四）沙眼

沙眼是一种常见的感染性眼病，是由微生物——沙眼衣原体引起的一种慢性传染性结膜角膜炎。因其在睑结膜表面形成粗糙不平的外观，形似砂粒，故名沙眼。感染沙眼可以持续数年以致数十年之久，其患病和病变的严重程度与环境卫生条件密切相关。

沙眼感染早期，患者有不同程度的怕光、流泪、发痒、异物感、分泌物增多等眼部不适感。

沙眼病原微生物很容易通过不同的途径由一个人传播给另一个人。患沙眼者常有眼红和黏性分泌物，容易传播至手指、衣物、毛巾、洗脸用具和其他所接触的物品上，当人们紧密接触时，沙眼病原微生物很容易通过手指、衣物、物品的交互接触而传播。

沙眼的预防：培养良好的卫生习惯，保持面部清洁，不用手揉眼；毛巾、手帕要勤洗、晒干，不使用公共毛巾，阻断沙眼传播的途径，减少感染的传播与流行；家中有人患沙眼要及时到正规医院科学治疗，防止相互传染。

（五）龋齿

龋齿，俗称虫牙、蛀牙。早期的龋齿没有疼痛的感觉，往往在进行口腔检查时才能发现。

怎样预防龋齿的发生呢？

（1）每天至少刷牙两次，睡前刷牙更重要。

（2）“一人一刷一口杯”，避免交互感染。

（3）提倡使用保健牙刷，最好使用质量合格的软毛牙刷，每3个月更换一次。若牙刷毛发生弯曲或倒伏，会对口腔的软硬组织造成损伤，需要立即更换。

（4）使用正确的方法刷牙，能有效清除牙龈沟内的牙菌斑。

提倡采用水平颤动拂刷法刷牙，具体操作要领为：

手持牙刷柄，将刷头放置于口腔内一侧的后牙牙颈部，刷毛与牙长轴大约呈45度角，刷毛指向牙根方向（上颌牙向上，下颌牙向下），轻微加压，使刷毛部分进入牙龈沟内，部分置于牙龈上。

以2～3颗牙为一组开始刷牙，用短距离水平颤动的往返动作在同一个部位至少刷10次，然后将牙刷向牙冠方向转动，继续拂刷牙齿的唇（颊）舌（腭）面。

刷完第一组之后，将牙刷移至下一组2～3颗牙的位置重新放置，注意要与第一组保持有重叠的区域，继续刷这一组。

刷上前牙舌面时，将刷头竖放在牙面上，使前部刷毛接触龈缘，自上而下拂刷；刷下前牙舌面时，自下而上拂刷。

刷咬合面时，刷毛应指向咬合面，稍用力前后短距离来回刷。

（5）刷牙后应用清水冲洗牙刷并将刷毛上的水分甩干，刷头向上放在口杯中，置于通风处。

（6）每天刷牙的同时，提倡选择使用牙线或牙间刷清洁牙间隙。

（7）饭后漱口，可去除口腔内的食物残渣，保持口腔清洁。最好用茶水漱口，因为茶水中含有丰富的氟和茶多酚成分，有预防龋齿的功效。

（8）平时少吃零食和糖果糕点，多吃蔬菜、水果和富含钙、磷、维生素的食物，尽可能吃些粗粮，对预防龋齿的发生有好处。

（9）小学生正处于乳牙、恒牙交替的阶段，要定期到医院进行口腔检查，一般每半年一次，可以早期发现龋齿，及时采取治疗，以免病情加剧。

（10）第一颗恒牙——六龄齿萌出后，应及时到医院进行窝沟封闭，可以防止龋变。

（11）已经发生龋齿就要及时去医院口腔科请医生诊治。

（12）使用含氟牙膏刷牙是安全、有效的防龋措施，特别适合于有患龋倾向的儿童和老年人。

（六）狂犬病

1.狂犬病的概念

狂犬病又称恐水症，是由狂犬病毒引起的一种以侵犯中枢神经系统为主的急性人兽共患传染病。狂犬病毒通常由病兽通过唾液以咬伤方式传给人。临床表现为特有的恐水、怕风、恐惧不安、咽肌痉挛、进行性瘫痪等。迄今为止，狂犬病一旦发病，病死率达100%。

2.狂犬病的传染源是什么

带狂犬病毒的动物是本病的传染源，我国狂犬病的主要传染源是病犬，其次为猫、猪、牛、马等家畜。在发达国家和地区，由于对流浪狗控制及对家养狗的强制免疫，蝙蝠、浣熊、臭鼬、狼、狐狸等野生动物则成为主要传染源。

一般来说，狂犬患者不是传染源，不会形成人与人之间的传播，因其唾液中所含病毒量较少。但一些貌似健康的犬或其他动物的唾液中也可带有病毒，也能传播狂犬病。

3.狂犬病的传播途径

狂犬病毒主要通过咬伤传播，也可由病犬的唾液，经各种伤口和抓伤、舔伤的黏膜和皮肤入侵，少数可在宰杀病犬、剥皮、切割等过程中被感染。蝙蝠群居洞穴中的含病毒气溶胶可经呼吸道传播。器官移植也可传播狂犬病。

4.狂犬病的易感人群

人群普遍易感，兽医与动物饲养员尤其易感。人被病犬咬伤后发病率为15%～20%。被病犬咬伤后是否发病与下列因素有关：

（1）咬伤部位。头、面、颈、手指处被咬伤后发病率高。

（2）咬伤的严重性。创口深而大者发病率高。

（3）局部处理情况。咬伤后迅速彻底清洗者发病率低。

（4）及时、全程、足量注射狂犬疫苗和免疫球蛋白者发病率低。

（5）免疫功能低下或免疫缺陷者发病率高。

5.狂犬病的预防措施

（1）管理传染源

以犬的管理为主。捕杀野犬，管理和免疫家犬，并实行进出口动物检疫等措施。病死动物应予焚毁或深埋处理。

（2）伤口处理

应用20%肥皂水或0.1%苯扎溴铵（新洁尔灭）彻底冲洗伤口至少半小时，力求去除狗涎，挤出污血。彻底冲洗后用2%碘酒或75%酒精涂擦伤口，伤口一般不予缝合或包扎，以便排血引流。如有狂犬病免疫球蛋白或免疫血清，则应在伤口底部和周围行局部浸润注射。此外，尚需注意预防破伤风及细菌感染。

（3）预防接种

①疫苗接种

疫苗接种可用于暴露后预防，也可用于暴露前预防。我国为狂犬病流行地区，凡被病犬咬伤者，或被其他可疑动物咬伤、抓伤者均需作暴露后预防接种。

②免疫球蛋白注射

常用的制品有人狂犬病免疫球蛋白（human rabies immune globulin，HRIG）和抗狂犬病马血清两种，以人狂犬病免疫球蛋白为佳，抗狂犬病马血清使用前应做皮肤过敏试验。

第四章

心理健康

一、什么是心理健康

通俗地讲，心理健康就是遇到来自内心的情感冲动与外部的挫折都能适当缓解，不至于心理失调而影响正常的学习和生活。

青少年心理健康的标准：①智力发展正常；②情绪稳定协调；③心理特点符合实际年龄；④行为协调，反应能力适度；⑤人际关系的心理适应；⑥个性稳定与健全。

二、调节情绪的基本方法

（一）培养积极乐观的生活态度

无论生活或学习上遇到任何困难挫折，均要以乐观、积极的态度去对待，坚强勇敢地面对现实，积极进取，相信自己能够战胜困难，要对自己的前途充满希望，保持积极乐观的态度和积极的情绪，就会走出困境。

（二）适时适地地倾诉心中的不良情绪

比如向父母、老师或者比较好的同学倾诉一下自己的苦恼、忧伤或气愤等，这样的倾诉，可以有效消除或不同程度地减轻心中的烦恼与压抑，从而使心情平静下来，恢复正常的学习和生活。

（三）培养良好的自我意识

中小学生一定要正确认识自己的优缺点，客观公正地评价自己的能力，选择因人制宜的生活和学习目标，在学习与生活中不断反省自己，及时改正自己的不足。

（四）善于运用理智控制情绪

进入青春期的中小学生一般年少气盛，有着强烈的好胜心，但是，行动前一定要运用理智分析，判断这是否是自己想要的，或者是不该要的，是不是合理的，这样分析之后会使心理得到平衡，从而有利于健康情绪的产生，遇事不会太盲目行动。

（五）树立正确的人生观和世界观

青春期是智力发展的一个高峰时期，只有树立正确的人生观与世界观，对社会与身边环境有了正确的认识，才能培养出在一定环境下具备良好情绪的优秀人才。

（六）建立和谐稳定的人际关系

要学会宽厚待人，容忍别人，从而获得别人的接纳，使自己的情绪始终保持良好的状态，建立和谐的人际关系。和谐的人际关系，可帮助提高学习成绩，减少学习压力，消除疲劳与孤独感，从而获得积极愉悦的心情。

（七）积极参与学校组织的集体活动

积极参加学校组织的集体活动，可使同学之间有一个友善的气氛，且可促进心情的愉悦，产生一种友情上的满足感，还能帮助自闭、抑郁者改善孤独的情绪，促进心理上的健康发育。

三、掌握异性交往的原则

中小学生进入青春期后，由于受体内性激素的影响，逐渐意识到男女性别的差异，逐渐对异性的心理由疏远转向接近，由好奇转向爱慕。这是青春期期间普遍存在的一种青春意识。

那么，青春期的学生应如何掌握同异性交往的原则呢？

（一）青春期学生的异性交往应只是友情而不是爱情

处于青春期的学生与异性之间有着友好的感情是正常现象，但应该认识到这只是友情而不是爱情。因为青春期的学生还很年轻，还不懂真正意义上的爱情，这个年龄也不应是谈情说爱的年龄。若过早地沉溺于感情的漩涡，只会妨碍自身的学习和进步，影响自己的身心健康。而友情就不一样了，友情是建立在共同的理想与学习的基础上的，适当地与异性交往，坦诚相处，彼此交流，相互帮助，取长补短，朝着同一个目标奋进。这种感情应是真挚的，它不仅能满足青春期学生的心理需求，同时还能激发学习的热情，利于学习成绩的提升。

（二）最好避免一对一的单独交往

青春期学生的感情大多是强烈而不稳定的，自我控制能力不够，很容易在与异性交往中把握不好尺度。因此，青春期的学生要适当参加集体活动，尽量避免与异性单独相处，也最好不要只和某一个异性或同性交往，要适当广泛地与同性和异性交往。

（三）适当丰富课余生活

青春期的学生要尽力丰富自己的课余生活，适当进行体育锻炼。青春期的学生应有丰富的课余生活，尽量多挖掘、提升自己的爱好及特长，适当参加丰富多彩的社会实践活动，使自己走出狭小的交际圈子，这样才有机会接触更多的人；适当参加体育运动，不仅能锻炼身体，还能在体育运动中使自己对异性的渴望心理得以疏解与排遣。

四、正确应对失败与挫折

（一）成绩面前，仍要努力

当取得一点成绩时，不应沾沾自喜，或者骄傲自满，夸大其词，毫不谦虚地大肆宣扬。或者为一点成功不思进取，每天生活在过去的成功之中不能自拔。在你不好好学习、不思进取时，别人却没有停下前进的脚步，一直在努力追赶，当你发现时却为时已晚，别人在你沾沾自喜的时候，已经超越你了。因此，中小学生一定要在成绩面前保持不骄不躁的心态，勇往直前，继续攀登高峰。

（二）失败之后，振作前行

中小学生要对失败与成功有正确的理解与分析。在你羡慕别人成功时，是否想到过他曾经也有过失败吗？没有失败的成功只存在于幻想之中。世界上没有一个人的成功是站在成功之上的，而应该是站在失败之上的。对待成功或者失败的态度既要科学正确，还要适度。失败可以让人更深刻认识自己，总结自己的不足，吸取教训，为下一次的成功做后盾。失败并不可怕，因为失败是成功的前提，俗话说失败乃成功之母。最可怕的是什么呢？最可怕的是失败后不仅不总结经验教训，还一蹶不振，甚至开始放弃，不敢再次尝试。实际上，当你失败时，成功就已经离你不远了。俗话说“夜最黑的时刻也正是黎明前的时刻”。每一个成功的人均经历过失败的教训，只有在失败后，正确认识失败的过程，在吸取经验教训的同时，付出比常人多几倍的汗水，才能走向成功。最重要的在于对待失败，必须有一个科学正确的态度，要有失败后不气馁、不放弃的良好心态，要知道人生中总要经历些失败，才能踏上通向成功的康庄大道。只要有积极的心态，科学前行，人人都能成功。

第五章

生长发育与青春期保健

一、生长发育

（一）科学锻炼，快乐成长

生命在于运动，适量锻炼可以促进身体发育，使肌肉强壮，有助于控制体重，帮助睡眠，使人不易疲劳，增强心、肺功能，保持良好的体型，拥有健康的体魄。因此，中小学生要适量参加体育锻炼，每天进行适量户外活动，如酌情参加做操、跑步、跳绳、踢足球、打乒乓球等。

中小学生除了要锻炼身体，还要锻炼脑力，经常进行适当的脑力锻炼可以促进大脑发育。学习是中小学生最主要的脑力锻炼，此外还有玩智力游戏、阅读课外书籍、去图书馆查阅资料等多种方式的脑力锻炼，但要科学用脑，不可过度。

（二）保证充足的睡眠时间

睡眠约占据人生命的三分之一时间。人在睡觉时肌肉放松，呼吸与心跳变慢，人体能得到很好的放松和休息。只有保证充足的睡眠，第二天才会精力充沛，学习效率才会高。因此，中小学生要保证充足的睡眠，每天睡8～10小时。生活要有规律，每天按时睡觉，准时起床。晚餐不要吃太饱，睡前喝一杯牛奶，有助于睡眠。节假日也要保持正常的生活规律，避免熬夜与睡懒觉。

（三）游戏与成长

中小学生在适当游戏的过程中可以锻炼动手能力与手眼协调能力，更能学会与小伙伴合作，亲近大自然，有利于身心健康。

目前的城市生活，人们待在室内的时间比较多，有些同学沉迷于电视与网络，非常不利于身心健康。中小学生应该有意识地适当参加户外活动，几个小伙伴一起做适当的游戏就是很好的方式。女孩子可一起跳皮筋、踢毽子、跳绳等，男孩子可打球、跑步等，但一定要注意适量与安全。

二、青春期保健

（一）什么是青春期

青春期是中小学生生理发育与心理发展急剧变化的时期，是中小学生逐渐成熟的过渡时期，也是中小学生人生观与世界观逐步形成的关键时期。通常把10～20岁称为青春期。

青春期是人体生长发育的第二个高峰期，会在生理上发生巨大的变化，比如身高、体重会迅速增加，身体各器官，比如心脏、肺脏、肝脏等功能开始日趋成熟，各项指标都可达到或接近成人的标准。一般来讲，女生的青春期比男生要早，大约从10～12岁开始，而男生则从12～14

岁才开始。这一时期，女生从乳房开始发育至第一次来月经，大约需要2～3年的时间，然后开始出现腋毛、阴毛，骨盆发育变大，全身皮下脂肪增多，形成女性所特有的丰满体态。男生则开始长胡须，喉结变得突出，继而出现生理性变声，肌肉骨骼发育坚实，逐渐形成男性特征的魁伟体格。这期间最明显的变化就是性开始成熟。对于男生而言，性成熟的标志是开始出现遗精，女生性成熟的标志是月经初潮，即第一次来月经。

（二）如何预防青少年抑郁症

1.学会自我调节心理

抑郁症的最显著特点就是心理压力大，心理承受能力低。因此，青少年学生要学会自我调节与释放压力，预防抑郁症的发生。

2.树立积极的心态

树立积极的心态，遇到挫折能想办法走出阴霾，重新塑造一个良好的人格，让自己变得更加开朗、开阔，更加阳光与乐观。人的心态好，心胸大，大事也是小事；心态不好，心胸狭小，小事也是大事。

3.与家人朋友适当交流

家人与朋友的情感支持与良好的人际关系很重要，青少年在遇到挫折、感到压抑时，多和亲朋好友倾诉，敞开心扉，不要自己憋在心里，若得到及时的关心与劝导，会很快走出心情的低谷。

4.适当培养自己的兴趣爱好

广泛适当的兴趣爱好能驱散压抑的情绪，有益于心情调节与情感释放。比如适当的绘画、书法、音乐、运动、旅游等，尤其是要加强适量运动。

5.客观的目标定位

青少年要客观地定位自己的目标，不要把期望值设得太高，才能坦然面对一切。人的负面情绪，很多时候均是由于现实与自己所期望的目标背道而驰或者差距甚远造成的，越达不到自己所追求的目标，越想得到，就会无形中给了自己太大压力，影响心理健康。

6.及时向心理医生咨询

若尝试了很多方法都没有使自己好转，要及时主动地向心理医生寻求帮助。要想想很多名人都曾经历过抑郁症，最后均度过了心理抑郁期，从而走向成功，自己还怕什么呢?

（三）哪些不良习惯影响脑发育

1.不吃早餐

一些同学经常不吃早餐，饿着肚子就去上学，结果到学校后就出现头晕、恶心、无力等不适表现。因为大脑营养的来源是由血糖供给的，若不吃早餐，血糖供应不足，影响大脑的功能，就会出现以上情况。所以，早餐和大脑发育有着密切的关系。调查显示，经常适量吃早餐的学生上课注意力集中时间较长，思考能力强，精力更充足。

2.长期饱食

长期饱食可能造成肥胖。肥胖与负责控制体重的脑部区域所发生的损伤存在关联。长期饱食不但会导致高血压、糖尿病、高血脂，还可能引起胰岛素代谢变化，造成大脑损伤。因此，中小学生要做到合理膳食。既不要挑食、节食，也不要饮食过量，毫无节制。应在保证营养全面的前提下，吃七八分饱，两餐之间可酌情适量加餐，这样不仅不会感到饥饿，而且对大脑发育有好处。

3.甜食过多

大脑发育需要充足的蛋白质与维生素等，若长期食用过多甜食，会降低食欲，自然就会减少其他食物的摄入，蛋白质与维生素等的摄入也会减少，那么，大脑得不到及时合理的营养补充，就会影响大脑的发育，因此，中小学生不要食用过多甜食。

4.蒙头睡觉

有些同学睡觉时喜欢用被子蒙住头，这是个不好的习惯。用被子蒙住头之后，呼吸的空间变狭小，空气不能流通，被子内的氧气越来越少；而呼出的二氧化碳逐渐增多，又难以挥散出去。蒙头睡觉由于无法完成气体交换，导致大脑供氧量不足，自然会影响到大脑的发育与功能。

5.懒于用脑

勤于适量用脑的人会变得越来越聪明，反之，懒于用脑，大脑就会退化。

6.睡眠不足

消除大脑疲劳、得到放松的最直接方式就是充足的睡眠，若睡眠不足或者睡眠质量不高会加速大脑细胞老化，降低脑神经的活性，使思考能力下降、懒于动脑。如果长期睡眠不足，就会影响大脑的发育。

7.烟酒刺激

有的中小学生有抽烟喝酒的不良习惯，或者常常生活在烟雾缭绕的环境中而被动吸烟。烟酒强烈的刺激性会损害大脑皮层，抑制大脑活动。长期的烟酒刺激还会造成记忆力衰退、智力下降、大脑发育迟缓的不良后果。

8.带病用脑

患病还坚持学习，不仅学习效率会降低，而且会损害大脑。

（四）别忽视染发、烫发的危害

1.皮肤过敏

皮肤过敏是最常见的一种染发不良反应。有的人在染发的当时，皮肤就出现了过敏反应，有些人则是在经过几次染发以后，才发生过敏反应。

2.发质改变

染发与烫发的过程中容易使头发中的水分、蛋白质与其他一些营养物质损失掉，从而导致一些人发质变差，头发失去原有的光泽与韧度，变得又黄又脆，容易断裂。染发、烫发次数越多，对发质的损伤越大。

3.掉发、脱发

染发剂通常具有强烈的刺激性气味，说明其本身就具有刺激作用，容易造成头皮毛囊产生炎症，导致毛囊萎缩，头发由粗变细，最后造成头发大量脱落。

4.损伤身体

染发剂中含有多种化学物质，比如苯、硝酸银、酚、铅等，这些化学物质会随着头皮毛囊进入人体，通过血液流向身体器官，对人的肝、肾等产生危害。

5.引发癌症

染发剂通常是由石油等化学产品合成而来的，虽然颜色动人，但是确实存在着巨大的健康隐患。特别是一些染发剂含有对人体有害的铅、汞、镍等重金属，这些重金属元素会通过头皮毛囊进入人体。在给头发加热时，又会加快头皮血管内的血流速度，使染发剂中的毒素渗透到皮肤内，随着血液流向全身。一些含有有害物质的染发剂还可能导致人体患上血液病，比如白血病，还有其他癌症；如果头皮本身有伤口或者皮肤病，会更容易吸收染发剂中的有毒物质。

因此，中小学生不宜染发、烫发。除了以上危害，对处于发育阶段的学生来说，还可能影响到神经系统的正常发育。为了健康，不要染发与烫发，只有自然美才是最美丽的。

（五）中小学生不宜穿紧身裤

1.穿紧身裤对男生的影响

男性的生殖器官只有在一定的温度下才能正常发育。对于男同学来讲，经常穿紧身衣裤，会压迫臀部与会阴部，从而妨碍生殖器官的发育。过紧的衣裤，会堵塞毛孔，使汗液排泄不畅，下身温度升高，影响男性生殖器官的发育，严重者还可影响生精，导致不育症等。

2.穿紧身裤对女生的影响

女同学尤其不宜穿紧身的内裤。因为紧身裤的透气性差，而少女生殖器官的皮肤比较细嫩且有大量的褶皱，由生殖器产生的分泌物容易在此滋生繁殖。而经常穿紧身裤、紧身内裤、健美裤、牛仔裤，会造成下身环境空气不流通，增加会阴部的湿度，细菌与病毒容易大量繁殖，进入生殖器内部。这不仅会引起皮肤瘙痒，还容易患上妇科疾病。

女同学穿紧身衣还会影响胸部的发育。穿过紧的衣服使胸部血液循环减慢，压迫胸部使其不能向外扩张，长此以往，就会造成胸部发育不良。同时，紧身衣还可使肺部发育受到影响，降低肺活量等。

青春期是人体生长发育的第二高峰，身体发育迅速，在穿着上应尽量多穿宽松、舒适的衣裤，不宜穿紧身衣裤。

（六）青春期女生浓妆艳抹不可取

青春期女生开始追求美，这无可厚非，但“美”是要有分寸的，特别是处于发育期的少女，稍不注意，化妆品就有可能损害你的健康。

1.部分化妆品含有害物质

部分化妆品含有对人体有害的化学物质，比如有的含有漂白剂，有的含有抗氧化剂，有的含有化学合成的人工色素、香精等。

2.化妆品危害机体内部

化妆品虽然涂抹在人的皮肤表面，但一些化妆品中的有害物质会通过毛孔进入皮肤，再通过血管达到机体内部，有的则会通过呼吸进入机体，有的还会在人不经意地舔嘴唇和喝水、吃饭时，被“吃”进肚子里；在眨眼和揉眼睛时，睫毛膏掉落的颗粒残渣可能污染到眼睛等。这些有害化学物质侵入到人体内部，严重时会危害机体。

青春期女生正处在学习知识的重要时期，应该以学习为主，不要因为盲目爱美而耽误学习。一个人最重要的是心灵美，外表再美，若缺乏内涵也是空洞、没有价值的美。

（七）男生的胡须不能乱拔

男生进入青春期后，随着身体的发育，口唇周围渐渐长出了胡须，这是正常的生理现象，是男性特有的标志。

胡须起初很细软，颜色比较淡，以后会逐渐变得稠密粗硬，但是有不少男生认为其影响美观，就用手或镊子拔胡须或拔鼻毛。认为这样能让胡须不再长出来，殊不知，这是一种不科学的做法。

胡须千万不可乱拔。胡须属于毛发的一种，与身体其他部位的毛发一样，也分为三部分：露在皮肤表面的叫毛干；埋在皮肤里面的叫毛根；毛根末端有毛球，毛球下端的部分叫毛乳头，毛根周围的结构叫毛囊，它与周围的皮脂腺相通。只要毛囊、毛球与毛乳头存在，毛发就能生长，而拔胡子只是拔掉了毛干与毛根，并没有拔掉毛囊、毛球及毛乳头。拔胡子不仅疼痛，还可引起毛囊炎。拔掉一根胡须，就会形成一个创口，若此时有细菌乘虚而入，就会导致感染，形成毛囊炎；还会损伤周围的神经组织，引起疼痛。若炎症没有得到及时处理，还会引起更严重的后果，容易患上脓毒血症、败血症，甚至危及生命。

拔胡须的时候不小心就会危及面部三角区。从医学上讲，从人的鼻子上端的中点至嘴巴两端的点，构成了一个三角形，其中包括鼻梁、鼻翼、嘴唇与一部分面部，而胡须与鼻毛恰恰处在这个三角区内。

人体口唇周围的血管十分丰富，且与颅内的毛细血管相通。面部的静脉血管有个缺点，没有静脉瓣，而静脉瓣的作用是防止血液倒流。因此，面部一旦发炎，细菌就容易沿着面部静脉进入颅内，造成脑部感染，比如脑炎。因此，拔胡须看似一个小动作，若不注意，就可能严重损害人体健康。

青春期的男生要科学地修饰自己的“门面”，胡子长出后应该用剃须刀刮去。

（八）怎样预防中小学生驼背

1.端正身体姿势

中小学生无论站立还是行走，均要时刻注意挺直胸部，两肩向后舒展，腰背自然挺直；坐着时背部挺直，肩膀端平；看书、写作业时眼睛不要离书本太近，身体不要倾斜，更不能趴在桌子上。

青春期是身体发育的快速期，骨骼与肌肉均生长迅速，而此时骨骼发育还未定型，容易受到外力的影响而变形。学生伏案学习时间长，若不注意坐姿，很容易导致驼背；个别女生因为胸部发育感到害羞，于是经常俯首含胸，渐渐形成驼背。因此。中小学生要注意养成良好的站姿与坐姿。

2.适量参加体育锻炼

不要错过每次课间操与体育课的锻炼机会，认真做好体操与适量参加跑步运动等，加强骨骼与肌肉力量。适当做一些专门矫正驼背的运动，增强背部肌肉，挺拔身姿。

3.不睡软床

正处在发育期的中小学生不适合睡软床，最好睡硬床板，这样在睡眠时，能使脊椎保持自然平直。

（九）怎样矫正中小学生驼背

1.俯卧撑

面部朝下，两手与两脚同时接触地面，支撑起身体。运动时，胳膊弯曲向下推，身体保持平直不着地，酌情反复做10～20次。

2.贴墙站立法

身体站直贴墙，两脚并拢，双腿夹紧，膝盖不能向前弯，自然挺胸、抬头，小腹收起，双臂自然下垂，紧贴身体两侧，两肩向后自然舒展。练习时要保证脚跟、臀部、肩部、头部贴到墙壁，最少坚持半小时。

3.向后振臂法

身体站直，两臂向前伸直，然后向后甩动，稍微用力一点；或者两臂向两侧身体平举，然后由前向后运动，同时头部向后仰，动作要标准有规律，每次酌情做10～20分钟。

这几种矫正锻炼简单易学，中小学生可以根据自身情况酌情选做，坚持训练，多会收到明显的效果。

（十）正确认识性自慰对青春期学生的影响

对于中小学生而言，正确了解“性”知识，明确性的实质，正确对待“性”的产生，是很有必要的。

当中小学生进入青春期之后，性器官逐渐发育成熟，由于性激素的正常分泌，性欲自然会增强，自控力较差的同学就会出现性自慰现象。性自慰就是通常说的手淫。

青春期男生、女生在性器官与第二性征发育成熟的同时，心理上也开始发生着一定的变化。儿童时期的稚气渐渐消失，开始对异性产生好奇，伴随性器官的逐渐成熟，青春期男生、女生对性的需求均会不断增加，从而导致部分男生、女生开始出现手淫现象。

对于手淫，青春期学生一定要有正确的认识。就医学角度而言，适当手淫本质上并没有错，且对身体也没有什么危害，但如果出现过度手淫以至成瘾，对青春期男生、女生来说，无论是从生理上还是心理上都有不良影响，甚至产生疾病。

（十一）青春期少女阴部卫生保健

1.采用正确的清洗阴部方法

每天用温水淋浴，在进行阴部清洗之前必须先把双手清洗干净，清洗阴部时，应该有次序地进行清洗，先清洗外阴，再清洗大、小阴唇，最后清洗肛门及其周围。需要特别提醒的是，不要认为每天洗的次数越多越好，这是不正确的。因为过度的清洁会破坏阴部皮肤表面的保护膜，反而使其变得干燥不适，甚至出现瘙痒。一般情况下，正确的清洗次数是每日1次。

2.月经期间勤换卫生巾

月经期间一定要勤换卫生用品，月经前后不可穿紧身或是不透气的衣服，比如皮裤、牛仔裤等透气性差的衣服，最好穿纯棉制品的衣服。

3.新购内衣裤要先清洗再穿

新买的内衣裤一定要先清洗后再穿。

4.选用适合自己的卫生巾

根据自身的身体状况，选择适合自己的卫生巾，最好不要用带有药物的卫生巾，容易引起过敏。而且要即用即买，防止使用过期或质量不合格的卫生巾。

5.酌情裸睡

医学研究表明，裸睡对阴部具有保健作用，可以促使阴部血液流畅，空气对流畅通，保持阴道的干、温状态。

青春期的女生在好好学习的同时，还要重视阴部的卫生保健，为将来的幸福生活打好基础。

（十二）青春期少女乳房保健

1.不应束胸

进入青春期的女生，乳房开始发育增大，此时不应使用束胸的胸罩，更不应穿紧身类的内衣。因为束胸后会使心脏、肺部及血管受到挤压，血液不能正常循环，心肺功能在外力的作用下受到一定的压制，不仅影响身体内脏器官的健全发育，而且影响乳房的发育，导致乳头内陷，开始向扁小方向发展，严重时还会使血液流通不畅，出现血液瘀滞，造成乳房疼痛、胀痛，最终可造成乳房发育不良，甚至出现乳房性疾病。

2.保持乳房卫生

青春期女生应注意乳房卫生。进入青春期的女生，由于内分泌加快，一般在经期前后会出现乳房胀痛、乳头痒痛等现象。这时，要注意千万不可随意地挤压乳房或者抠乳头，以免造成乳头破裂，或引起感染。此外，还要适当进行乳头、乳房、乳晕的清洗，若长期不清洗，就会积藏污垢，导致乳房发生红肿等。

3.适当参加健美运动或体育运动

适当参加一些健美运动及体育运动，不仅能锻炼身体，而且能促进乳房的正常发育。每天坚持做适量的扩胸和伸展运动，有利于保持胸部姿态的健美发展。

（十三）月经是怎么一回事

随着青春期的到来，女生会出现周期性阴道出血，一般是每月1次，这种现象称为月经。一般来讲，在女生长到12～15岁时，性腺——卵巢就开始排卵，此时卵巢内会产生两种激素：雌激素与黄体激素，这两种激素可使子宫腔内膜增殖与变厚。在排卵结束后，这两种激素的分泌又会急剧减少，增厚的子宫内膜由于得不到激素的支持，就会出现急剧退行性变化与缺血性坏死而脱落，并经过阴道流出体外形成月经。

（十四）如何计算月经周期

青春期女生的第一次月经称为初潮。初潮的年龄大多在13～15岁，其时间的迟早受各种内外因素的影响，如个人体质、气候、营养状况等。出血的第1天为月经周期的开始，两次月经第1天的间隔时间称为一个月经周期，一般为28～30天。

（十五）月经期间的卫生保健常识

1.保持外阴局部清洁卫生

女性阴道平时呈偏酸性环境，可有效抑制细菌生长，但经期阴道会偏碱性，对细菌的抵抗力降低，易受感染，且经期阴部容易产生异味。因此，保持外阴清洁十分重要，每晚可淋浴，用温开水擦洗外阴，但不宜盆浴或坐浴。清洗阴部需要选择专业的酸性阴部清洗液，在清洁的同时可除菌止痒，并防止女性阴部受到感染，有效维护女性的外阴健康。除了清洗阴部，还要注意日常使用的卫生巾、卫生纸要柔软清洁，透气性好。内裤要勤换勤洗，以减轻血垢对外阴及大腿内侧的刺激，洗后用开水烫一下，并在太阳下晒干。大便后要从前向后擦拭，以免将脏物带入阴道，导致阴道炎、子宫炎与盆腔炎等。患有手足癣的女性用过的浴巾、内裤等均应煮沸消毒后才能再次使用。

2.正确使用卫生巾、卫生棉条与卫生护垫

女性经血中含有丰富的营养物质，极易成为细菌大肆滋生的培养基，因此，经期一定要勤换卫生巾。尤其是夏天湿气在外阴局部聚集容易发生过敏，更要注意常常更换，建议每两小时更换一次。拆开卫生巾前务必洗手，慎用药物卫生巾，以防过敏。更换卫生巾时，要注意由前方向后方放入，避免把肛门周围的病菌带入阴道。当一种卫生巾使外阴产生发痒、不适或异味时，应立即停止使用，另选其他品牌。皮肤敏感的人最好少用干爽网面而多用棉质网面，干爽网面虽吸收快，但棉质网面更柔软舒服，对

皮肤的刺激小。

在月经前后两天与旅行、出差等洗浴不便的情况下，卫生护垫是一种方便、实用与清洁的选择措施，但卫生护垫不宜常用，且要注意选择透气性能好的产品。

3.不宜穿紧身内衣裤

女性在经期最好选择松紧适中、透气性好的棉质内衣裤。若女性在月经期穿紧身内衣裤，易使经血流出不畅，会阴局部毛细血管受压而影响血液循环，并增加会阴摩擦，导致会阴充血水肿，甚至引起泌尿生殖系统感染等疾病；穿脱紧身内衣裤时会使盆腹腔压力突变，造成经血逆流，出现经期腰痛、腹痛等，甚至导致不孕症。女性月经期腰、腹部会大量出汗，加上有大量经血流出，紧身内衣裤会使女性会阴部的透气性变差，潮湿的环境极易造成微生物滋生，引起阴道炎甚至盆腔炎；紧身内衣裤还容易使女性会阴部的汗腺分泌受阻，在月经期则更加明显，如清洁不够可导致细菌大量繁殖，出现毛囊腺炎症、阴部疏松结缔组织炎等疾病。

4.月经期宜科学洗澡

月经期可以洗澡，但一定要注意洗澡的科学性，采用适当的方式。一般认为可采用淋浴或擦浴，避免坐浴或盆浴，坐浴或盆浴极易使污染的水与阴道中的细菌上行进入子宫腔内，从而引起生殖器官发炎。女性经期若在公共浴室洗澡，要注意衣服摆放，不乱放衣物以免交叉感染，不要与其他人换穿与混穿衣服，特别是内衣。清洗阴部的盆子、毛巾一定要专用，毛巾要定期煮沸消毒，防止发生感染。经期尽量不要洗头，洗完后一定要吹干方可外出。另外，应当特别提醒的是，经期一定要避免洗冷水澡。女性因其特殊的生理原因，在经期遇到冷水的刺激会导致内分泌失调、闭经与腹痛，且细菌会进入阴道引发阴道炎等妇科疾病，严重的还可影响女性怀孕。特别是对于身体素质较差的女生，经期更不能用冷水洗澡，否则冷的刺激会导致抵抗力本来就差的身体发生感冒、发热等疾病。

5.适量运动

经期可以选择一些不是很激烈的体育活动，如健身操、羽毛球等。

6.调节情志，学会控制情绪

经前期会出现如烦躁、失眠、头痛等紧张症，甚至出现面部浮肿、腹胀腹泻等，这些现象是由性激素的比例不正常与体内水和钠潴留过多导致的。经前期要学会控制情绪，避免精神紧张，严重时可在医生指导下合理用药。

（十六）痛经是怎么回事

月经期或行经前后出现下腹部疼痛、坠胀，伴有腰酸痛或其他不适，影响日常生活与工作者，称为痛经。中医学又称“经行腹痛”“经期腹痛”“经痛”等。痛经分为原发性与继发性两类，原发性痛经指生殖器官无器质性病变的痛经，占痛经的90%以上；继发性痛经是指盆腔器质性病变引起的痛经。

（十七）月经，你为何要痛

痛经是妇科的常见病与多发病，每位女性一生中或多或少都会有痛经的经历，特别是在未婚女青年及月经初期少女中更为普遍。痛经的表现主要是经期或行经前后，下腹部胀痛、刺痛、隐痛、坠痛、绞痛、痉挛性疼痛、撕裂性疼痛，疼痛常蔓延至腰骶背部，甚至牵及大腿，并伴有全身不适等表现，如乳房胀痛、胸闷烦躁、肛门坠胀、头痛头晕、倦怠乏力、面色苍白、恶心呕吐、腹泻腹胀、腰腿痛等，严重者可出现大汗淋漓、四肢冰凉甚至昏厥，严重影响工作与学习，使女性的生活质量大为降低。

原发性痛经一般发生在有排卵的月经期，青春期少女在初潮后1～2年内由于月经是无排卵的，所以一般都没有明显不适表现，仅有轻度不适，初潮1～2年后月经开始变为有排卵的，疼痛就会变得严重起来。痛经大多开始于月经来潮或阴道出血前数小时，常为痉挛性绞痛，在剧烈疼痛发作后转为中度阵发性疼痛，约持续12～24小时，经血外流通畅后疼痛逐渐消失。

中医认为经水出诸肾，认为月经病与肾关系密切，也和脾、肝、气血、冲脉、任脉、子宫相关。痛经主要是由气滞血瘀、寒湿凝滞、湿热瘀阻、气血虚弱、肝肾亏虚证导致气血运行不顺造成的。因此，调经通常以补肾、健脾、疏肝、调理气血为主。

（十八）痛经的预防

1.合理膳食

虽然健康的饮食无法消除痛经，但却能改善全身的健康状况。保持每日营养的均衡，饮食以清淡为主，少吃过甜或过咸的食物，适量多吃一些蔬菜、水果、鸡肉、鱼类等，并尽量少量多餐。

2.适量补充钙、钾与镁

钙、钾与镁等微量元素能帮助缓解经痛。有研究发现，服用钙剂的女性，比未服用者发生痛经的概率要低；镁能帮助身体有效地吸收钙，因此不妨在月经前与月经期间，适量增加钙、镁的摄取量。

3.适量运动

适当的体育锻炼有利于经期保健，对于有痛经的女生来说，可减轻心理上的压力、驱除精神上的紧张、缓解子宫痉挛的程度，有利于痛经的缓解。当然，月经期的体育锻炼要讲究科学的方法，不要剧烈运动，同时要注意缩短锻炼的时间，放慢速度，减少运动量，一般以不感到特别劳累为宜。

4.注意经期卫生

为避免痛经，在月经期间还应注意外阴部清洁卫生，尤其禁止使用阴道药物与坐浴。

5.调节情志，保持心情舒畅

消除对月经的紧张、恐惧心理，解除思想顾虑，保持心情愉快。

6.痛经的冬季保健

天气变冷后，不少女性会出现痛经，或原有的痛经变得更加严重。冬季痛经多由女性个人体质虚寒或不良生活习惯使喜温的子宫受凉导致。寒冷是痛经的“催化剂”，因此，做好冬季经期保健非常重要，特别是经常痛经的女性。首先，衣着不能太单薄，特别是在月经期，更要注意保暖，以利改善全身与子宫的血液循环；其次，要加强体格的科学锻炼，增强体质，增强人体对寒冷的适应能力，所谓“动则生阳”，即平日适量运动，能调畅气血，改善血液循环，使全身温暖；再次，饮食上适当多吃一些温热食物，如牛肉、羊肉等，少食寒性食物，忌食冷饮；最后，每天坚持用热水洗脚，防止“寒从脚起”。

（十九）中小学生如何远离性病

1.学习性病的科学知识

通过正规的科普书籍等，了解性病的传染源、病症表现、传播途径、危害性、治疗及预防措施等，从而预防性病的发生。

2.遵守法律规范与道德

做到自尊、自重和自爱，中小学生不应早恋，更不应有性行为，洁身自好是预防性病的最佳方法。

3.注意生殖器卫生

处于青春期的中小学生应讲究生殖器卫生，经常保持生殖器的清洁，避免使用不清洁的卫生用品，以防病原体趁虚而入，侵袭人体。

4.抵制色情文化的侵蚀

色情文化宣传品对中小学生危害较大，中小学生应当对这些色情文化的宣传品加以抵制，健康成长。

5.其他注意事项

不与别人共用毛巾、洗脚巾、浴巾或共用澡盆、脸盆、脚盆。

不要穿用他人的游泳衣、游泳裤或内衣、内裤。

去公共浴室要自备毛巾，尽量冲淋浴，不洗盆浴，不下浴池，不赤身坐在浴室的凳子上。

避免使用公共厕所的坐式马桶。

不要到不消毒或消毒不彻底的理发店去理发。

牙刷、剃须刀均应自备，不应互相借用。

不因好奇而文身，在皮肤上刺绣或刺字。

打针、拔牙、针灸治疗均要到正规消毒的医院与正规消毒的诊所里。

中小学生绝不要因好奇而尝试吸毒，静脉注射毒品有可能传染性病等。

（二十）粉刺是怎么回事

粉刺又名肺风粉刺，中医认为其因肺风、胃热或肝郁所致，是以面部及背部见黑头或白头粉刺、丘疹、脓疮、结节、囊肿及疤痕为主要表现的皮肤疾病。相当于西医的痤疮。西医认为其是一种毛囊皮脂腺的慢性炎症性皮肤病，以皮肤出现散在性粉刺、丘疹、脓疱、结节、囊肿及瘢痕等损害，且常伴皮脂溢出为临床特征。多发生于青春期男女，也可见于青春期以后或成人发病者。

（二十一）粉刺有什么表现

本病多见于15～30岁的男女青年。损害主要发生于面部，特别是前额、双颊部、颏部，其次是胸部、背部与肩部。

初起为粉刺，可分白头粉刺与黑头粉刺两种。黑头粉刺为毛孔中的小黑点明显扩大，略高于皮面，较易挤出黄白色脂栓。白头粉刺为皮肤色或暗红色小丘疹，无黑头，不易挤出脂栓。粉刺在发生过程中可演变为炎性丘疹、脓疱、结节、脓肿及囊肿，往往数种同时存在，并以其中一两种较为显著，常伴有皮脂溢出。病情时轻时重，常持续数年或到中年时期逐渐缓解而痊愈，留下萎缩性瘢痕或疙瘩性损害。临床上常根据皮损的主要表现分为丘疹性肺风粉刺、脓疱性肺风粉刺、囊肿性肺风粉刺或结节性肺风粉刺等。

（二十二）导致粉刺的原因是什么

西医认为本病的发生与雄激素及其代谢产物增多，使皮脂分泌旺盛；痤疮丙酸杆菌增多；毛囊漏斗部导管角化，皮脂排出受阻有关。遗传也是本病发生的重要因素。

中医认为粉刺由内热炽盛、外受风邪所致。如因肺经感受风邪，或内热炽盛，致肺热熏蒸，蕴阻肌肤而发；过食辛辣、油腻之品，生湿生热，结于肠腑，不能下达，反蒸于上，阻于肌肤而成；青年人本阳热偏盛，复外感风热毒邪，蕴结于肌肤所致；脾虚生痰，郁而化热，阻滞经络，气血运行不畅而成瘀，痰瘀互结，凝滞肌肤所致。

（二十三）粉刺的预防与保健

（1）少吃富含脂肪、糖类食物与刺激性饮食，多吃蔬菜水果，适量多饮水，保持大便通畅。宜用温热水洗涤患处，尤其注意避免挤压。

（2）避免长期服用碘化物、溴化物及糖皮质激素等药物。

（3）保持生活规律，避免精神紧张。

第六章

安全应急与避险

一、日常安全常识

（一）安全用电

电在现代生活中的应用越来越广，不懂得安全用电知识，会造成触电身亡、火灾、电器损坏等极为严重的后果，因此，要高度重视家庭安全用电。

不要超负荷用电，若用电负荷超过规定容量，应及时到供电部门申请增容；空调、烤箱等大容量用电设备应使用专用线路。

要选用合格的电器，不要贪便宜购买使用假冒伪劣电器、电线、线槽（管）、开关、插头、插座、手机充电器等。

安装、修理电器用具一定要找专业的单位与专业技术人员。

对规定使用接地的用电器具的金属外壳要按规定做好接地保护，不要忘记给三孔插座、插座盒安装接地线；不要随意将三孔插头改为两孔插头。

要选用与电线负荷相适应的合格熔断丝，不要任意加粗熔断丝，严禁用铜丝、铁丝、铝丝代替熔断丝。

不要用湿手、湿布擦带电的灯头、开关与插座等。

漏电保护开关应安装在无腐蚀性气体、无爆炸危险品的场所，且要定期对漏电保护开关进行灵敏性检验。

晒衣架要与电力线保持安全距离，绝不要将晒衣竿搁在电线上。

电视机室外天线要安装得牢固可靠，且不要高出附近的避雷针或靠近高压线。

不要私自乱拉乱接电线。

使用电熨斗、电吹风、电炉等家用电热器时，人一定不要离开。

若发现电器设备冒烟或闻到异味时，要迅速切断电源进行检查。

不能在电加热设备上烘烤衣物。

要爱护电力设施，不要在架空电线与配电变压器附近放风筝。

中小学生应学习安全用电知识，并应在家长或老师的陪同指导下安全用电。

若发现有人触电，应立即关闭电源，并用不导电的物体将触电者与电源分开，千万不要直接接触触电者的身体，避免救助者发生触电。触电者触电后也应当尽可能自救，可以一边呼救，一边奋力跳起，使流经身体的电流断开，并抓住电线的绝缘处用力拉出，摆脱电源。若引起触电的电器固定在墙上，可以用脚猛力蹬墙，同时身体后仰摆脱电源。若发生严重后果要迅速拨打110。

（二）游泳

游泳虽是一项好的体育项目，但稍有不慎也会造成严重后果。中小学生游泳时应注意以下事项：

要在老师或家长的陪同下游泳。

患有心脏病、高血压、肺结核、中耳炎、皮肤病、严重沙眼与各种传染病的人不宜游泳，处在月经期的女生也不宜游泳。

慎重选择游泳场所，不在水下情况不明的地方游泳。

下水前做适当的准备活动。

饱食或者饥饿时，剧烈运动与繁重劳动后不要游泳。

要选择合适的时间游泳，且游泳的时间不能太久，否则容易引起疲劳，发生事故的可能性就会增加。最好不要在夜晚游泳，天黑视线不好，人的反应能力也会降低，容易发生危险。

中小学生发现有人溺水，千万不要贸然自行下水营救，应大声呼唤成年人前来相助。

（三）冻伤

寒冷引起的局部组织损伤称为冻伤。发生冻伤的直接原因是寒冷，若在寒冷的环境中保暖措施不足，局部温度降至冰点以下，就会发生冻伤。因此，中小学生在寒冷的季节要穿着适当的保暖衣物，在特别寒冷的恶劣环境下尽量不要外出。一旦发现冻伤，要找专业医生处理。

（四）烫伤

中小学生在日常生活中要注意防止烫伤，一旦发生烫伤应采取如下措施：

只有轻微红肿的轻度烫伤，可酌情用冷水冲洗。

烫伤部位已经起小水泡的，不要弄破它，应请专业医生处理。

烫伤比较严重的，应及时去医院诊治。并要注意：烫伤面积较大的，尽快脱去衣裤、鞋袜，但不要强行撕脱，必要时应将衣物剪开，且要特别注意烫伤部位的清洁，不能随意涂擦外用药品或代用品。

（五）怎样预防中暑

1.出行躲避烈日

夏日出门要备好防晒用具，最好不要上午十点到下午四点在烈日下行走，因为这个时间段的阳光最为强烈，发生中暑的可能性是其他时间段的10倍。

2.适量饮水

不要等到口渴了才喝水。因为人感觉到口渴时，就表示身体已经缺水了。最理想的是根据气温的高低，每天喝1.5～2升水，且最好的饮料是白开水。出汗较多时应适当补充一些淡盐水，以弥补人体因出汗而失去的盐分。

3.合理膳食

要合理膳食，均衡营养。夏季可适量食用含水量较高的蔬菜与水果，比如黄瓜、西红柿、桃子、杏、西瓜、甜瓜等，用来补充水分。

4.保持充足睡眠

夏季日长夜短，气温高，人体新陈代谢旺盛，消耗大，容易感到疲劳。保持充足的睡眠，可使大脑与身体各系统均得到放松，既利于学习，也可预防中暑。

（六）注意交通安全

马路上的车辆越来越多，中小学生每天上学、放学时，一定要注意交通安全，遵守交通法规，认识交通标志。在右侧人行道行走；过马路走人行横道线，不闯红灯，不在马路上追逐打闹，乘坐汽车时系好安全带，坐自行车、电动车或摩托车后座时戴头盔。

（七）毒蛇咬伤

野外旅游碰到毒蛇的机会多，被毒蛇咬伤的可能性大。被毒蛇咬伤后，首先要判断蛇是否有毒。毒蛇与无毒蛇最根本的区别是：毒蛇的牙痕为单排，无毒蛇的牙痕为双排。蛇毒3～5分钟即被人体吸收，因此，急救越早越好，可迅速（越快越好）采取下列措施：

结扎，对受伤肢体近心端过关节结扎，阻断静脉与淋巴回流，每15～20分钟放松30秒，至伤口彻底清除完成。

受伤肢体应停止活动、保持下垂，并尽快采取冷敷以减少毒素的吸收速度，降低毒素中酶的活力。

伤口处理：咬伤24小时以内者，以牙痕为中心切开伤口成“+”或“++”形，使毒液流出，也可酌情采用吸奶器或拔火罐等吸出毒液，最好不要用口吸。切口不宜过深，以免损伤血管。如果有蛇牙残留宜立即取出。切开或吸吮应及早进行，否则效果不明显。之后用肥皂水或清水反复清洗周围皮肤，若有条件可用生理盐水或0.1%高锰酸钾溶液冲洗伤口。

处理后迅速到医院接受正规治疗。

中小学生要在家长或老师的陪同下外出旅游，并注意旅游安全。

（八）虫咬伤

1.蜂蜇伤

蜂蜇伤一般只表现为局部红肿疼痛，多无全身症状，数小时后即可自行消退。但如果是被蜂群蜇伤，可出现头晕、恶心、呕吐，严重者可出现休克、昏迷甚至死亡。过敏者则易出现荨麻疹、水肿、哮喘或过敏性休克。若被蜜蜂蜇伤，应首先拔除残留毒刺，之后用肥皂水、3%氨水，或者5%～10%碳酸氢钠溶液、盐水清洗伤口（因其毒液为酸性），以中和毒液；若被黄蜂蜇伤，则宜用食醋水冲洗伤口（因其毒液为碱性）。全身症状较重者应尽快送医院诊疗。

2.蜈蚣咬伤

蜈蚣咬伤部位一般会出现红肿、痛、痒等，有的会出现头痛、发热、眩晕、恶心、呕吐，甚至说胡话、抽搐与昏迷等全身症状。应立即用弱碱性溶液（比如肥皂水、稀石灰水等）洗涤与冷敷，或用3%氨水或5%～10%碳酸氢钠溶液冲洗，以消肿止痛。有全身症状者应尽快送医院治疗。

3.其他

在日常生活中，蝎与毒蜘蛛咬伤是比较常见的。蝎蜇伤局部可见大片红肿、剧痛，重者可出现寒战、发热、恶心、呕吐、舌与肌肉强直、流涎、头痛、昏睡、盗汗、呼吸增快与脉搏细弱等症状，严重者可因呼吸、循环衰竭而死亡。毒蜘蛛咬伤者可见局部苍白发红或出现荨麻疹，重者可发生局部组织坏死或全身症状。其处理原则和毒蛇咬伤相同，应尽快送医院治疗。

中小学生应学习了解有关虫咬伤的科学知识，并尽量远离这些虫类。

（九）燃放鞭炮要注意安全

（1）遵守国家与当地政府有关燃放烟花爆竹的有关规定。

（2）所有的烟花爆竹产品均应在室外燃放，禁止在室内，特别是在茅草房附近燃放各类烟花爆竹。

（3）严格按照产品上的说明，选择符合要求的场地正确燃放。

（4）喝酒后，不要燃放烟花爆竹产品。

（5）明确点火部位，采用烟或香点燃，侧身点燃后（严禁身体任何部位正对产品的燃放轨迹方向），人应立即离开到安全位置。

（6）点燃中一旦出现异常情况，比如熄火，千万不要再点火，更不许伸头、用眼睛靠近观看，也不要马上靠近产品，应立即停止燃放其他产品，等明确原因后再行处理。

（7）购买烟花爆竹时，一定要购买正规厂家生产的产品，不要因贪图便宜而危害自身安全，切记安全第一。

中小学生最好不要燃放烟花爆竹，如燃放烟花爆竹应在家长或老师的陪同指导下进行。

（十）不玩火

火是人类的朋友，给人类带来光明与温暖，推动了人类的文明与社会的进步，但火也会酿成火灾，给人民生命财产造成巨大损失。因此，中小学生要充分认识到玩火的危害性与可能带来的严重后果，任何时候都要做到不玩火。同学之间还要互相监督、互相提醒。一旦发现有同学玩火，应该立即制止，并及时报告老师与家长，对他们进行批评教育。为避免火灾的出现不但要坚持不玩火，而且要注意以下事项。

（1）吸烟既危害身心健康，又容易引起火灾。中小学生一定不要吸烟。

（2）爱护消防设备。为预防重大火灾事故发生，防患于未然，许多公共场所都设置了消防设备。同学们一定要爱护这些消防设备，不要搬动、试用或毁坏消防用的水带、水枪、灭火器以及专门用于消防的锹、镐、钩、提桶、沙箱等。

（3）安全使用家用电器。家用电器给生活带来了很多方便，但在使用这些电器时也要格外小心，不要因使用不当而引起火灾。

电视机要和墙壁保持一定距离，以利通风散热。室内无人不开机，使用后及时关机。

使用电熨斗熨衣服，应将熨斗放在耐火的砖、石板、铁支架上，一定不要在无人看管时接通电源，且用完后要及时关闭电源。

电冰箱要与墙壁及两侧物品保持一定距离，以利通风散热，并保持电冰箱清洁。

使用白炽灯泡一定要与可燃物保持一定的距离。不要用灯泡烤衣物、毛巾等；不要用纸自制灯罩，以防纸被烤糊引发火灾。

不要随便延长电器设备的导线，尤其不要在家具与地毯下拉设电线，以免搬移家具或人员踩踏发生短路引起火灾。

冬天使用红外线等设备时，注意不要将可燃、易燃物品靠近取暖器，以免引起火灾。

（4）蚊香的安全使用。夏日的夜晚，人们常用蚊香驱蚊。蚊香虽小，但使用不当也会引起火灾，因此，一定要注意蚊香的安全使用。

蚊香要放在支架上，但支架不能放在纸箱或木制地板上，要放在金属盘、瓷盘及水泥地、砖地上。

不要把蚊香放在窗台等容易被风吹到的地方。

使用电蚊香，要远离纸、木桌等易燃物。不使用时，要拔掉插销。

（5）正确使用液化石油气。液化石油气烧水做饭既方便又干净，但如果使用不当，很容易出现危险，因此，要正确使用液化石油气。

无论是使用管道天然气，还是罐装液化石油气，均必须遵守“先点火、后供气”的操作程序。否则，可燃气体就会与空气混合成爆炸性气体混合物，点火时，极可能发生爆炸引起火灾。用完后一定要随手关闭阀门。

幼小的儿童一定不要使用液化石油气，大孩子也要按大人指点的去做。烧水时，溢出的水会将火熄灭，使煤气泄漏，发生火灾。因此当炉火被溢出的水熄灭时，应立即关闭气源，打开门窗通风。

中小学生用液化石油气烧水做饭，不要只顾贪玩，一定要专心看守，并随时调节气量，防止汤水溢出浇灭火焰或风吹灭火焰造成漏气，发生危险。

（6）其他注意事项。

为了彻底避免火灾发生，中小学生除了注意上述事项外，还应做到：

不携带火柴、打火机等火种，不携带任何易燃易爆品。

在实验室里做实验时，一定要遵守操作规则，不能将两个酒精灯直接对接点火。

外出野炊，一定要在老师的带领和指导下，选择沙滩或空旷安全的地方。大风天气应停止野炊。野炊完毕，要彻底熄灭火种，以防“死灰复燃”引起森林火灾。

影剧院、商场、图书馆等公共场所的电器设备、开关等，均不要乱摸乱动。

若随家长上坟，不要焚香烧纸。献上一束鲜花，同样可以寄托对亲人的哀思。

（十一）怎样预防眼外伤

（1）不要购买弹射性（如箭、弹弓等）和具潜在危险性（如带刃、易碎材料制成）的玩具。

（2）在使用洗涤剂（如洗发水、沐浴露等）时，注意不要溅进眼睛里。

（3）尽量不要玩、逗猫、狗等宠物，以免被宠物抓伤眼睛。

（4）远离爆竹，更不要自行燃放鞭炮、手拾燃烧后的鞭炮。

（5）避免靠近开水、热油、火苗，以免眼睛受伤。

（6）不要在阳光较强的雪地上玩耍或观看电焊火花。

（7）医疗机构应加强一次性注射器的管理，严禁流入社会，尤其是学校。

（8）一旦发生眼外伤，应立即到医院急诊，不要自己随意处理。

（十二）学会识别危险标志，远离危险物

学会识别常见的危险标志是中小学生保护自身安全的关键。危险标志由安全色、几何图形与图形符号构成，用以表达特定的危险信息。使用危险标志的目的是提醒人们对周围环境引起注意，避免可能发生的危险，防止事故的发生，起到保障安全的作用。但危险标志只能起提醒与警告的作用，它本身不能消除任何危险，也不能取代预防事故的相应措施。因此，一定要远离危险物，尤其应该远离高压、易燃、易爆、剧毒、放射性和具有生物危害的危险物。

（十三）雷击的预防

夏天是雷雨多发的季节，应随时关注天气变化，学会避雷措施。

（1）雷雨来临时，应尽量在室内躲避。

（2）若在野外，不要在孤立的大树下和地势高的山丘处停留。

（3）若在车内，应收起天线，紧闭车窗。

（4）不要在水面停留，游泳者、划船者应尽快上岸。

（5）未安装避雷器的室外天线应拔去插销。

（十四）校园内外均应谨防性侵害

中小学生要学会保护自己，谨防性侵害。在上学、放学的路上，单独一个人在家的时候，在同学家里的时候，都要提高警惕，尽量不要单独和男生独处一室学习，最好有家长陪同。对熟人也要提高警惕，晚上一定要把窗帘拉下来，夏季尽量不要穿过于暴露的衣裙，总之，在校园内外都要提高警惕防止自己遭遇性侵害。

中小学生独自在家时，要注意检查门锁窗户，经常留意家里的安全设施。如觉得户外有可疑的人，切勿外出探看，更不要给陌生人开门，可以打电话给父母、老师、同学或警察。如回家后发现门窗有被撬的痕迹，应快速到邻居家里找人来，帮助探明情况。

中小学生外出时，尽量不走人烟稀少的近路、小路或小胡同，不横穿空旷的地带。夜行时要尽量选择照明好的街道，并随时回首观察是否有人尾随；不要搭乘陌生人的汽车。如感觉有人尾随，可快步走向马路的另一侧摆脱，如察觉到有危险，应马上向人多的地方奔跑，如饭店、电影院，切记不要往小胡同跑，也不要往电话亭跑，因为犯罪分子很容易将你堵在里边。若需要乘车，不要坐无出租车标志的黑车，如有手机最好和家人说明乘车的车牌号码。

二、预防中毒

（一）急性酒精中毒

急性酒精中毒俗称醉酒。人一次饮用大量的酒，会对中枢神经系统产生先兴奋后抑制的作用，重度中毒可使呼吸、心跳抑制而死亡，因此，中小学生不要饮酒。

（二）煤气中毒

煤气中毒即一氧化碳中毒。煤气中毒时，常有头痛、头晕、四肢无力、全身不适，嘴唇、皮肤与指甲呈樱桃红色，甚至恶心、呕吐等症状，中毒严重者可能出现呼吸困难、昏迷、血压下降，甚至死亡，因此，中小学生要科学应用燃气。

若发生煤气泄漏，要保持泄漏区域内电器设备的原有状态，避免开关电器，如开灯（不论是拉线式还是按钮式）、开排风扇、开抽油烟机与打电话（不论是座机还是手机）等，以免产生电火花与电弧，引燃及引爆可燃气体。应立即开窗开门，形成通风对流，降低泄漏出的煤气浓度，并关闭各截门与阀门。同时，要离开泄漏区，在煤气浓度较低的地方迅速拨打110。

三、急救常识

（一）人工呼吸

人工呼吸是指用人为的方法，运用肺内压和大气压之差的原理，使呼吸骤停者获得被动式呼吸，吸入氧气，排出二氧化碳，维持最基础的生命体征。人工呼吸方法有很多，有口对口吹气法、仰卧压胸法、俯卧压背法，但以口对口吹气式人工呼吸最为方便、有效。

口对口吹气法操作简便，容易掌握，而且气体交换量大，能接近或等于正常人呼吸的气体量。对大人、小孩效果均很好。操作方法如下：

（1）病人取仰卧位，即胸腹朝天。

（2）首先清理病人呼吸道，保持呼吸道清洁。

（3）使病人头部尽量后仰，以保持呼吸道畅通。

（4）救护人站在病人头部的一侧，自己深吸一口气，对着病人的口（注意：两嘴要对紧不要漏气）将气吹入，造成吸气。为使空气不从鼻孔漏出，此时救护人应用一手将病人鼻孔捏住，然后救护人嘴离开，将捏住的鼻孔放开，并用一手压其胸部，以帮助呼气。这样反复进行，每分钟进行14～16次。

若病人口腔有严重外伤或牙关紧闭，可对其鼻孔吹气（注意：必须堵住口），即为口对鼻吹气。救护人吹气力量的大小，应依病人的具体情况而定。一般以吹进气后，病人的胸廓稍微隆起最为合适。

（二）心肺复苏

正确及时的心肺复苏可以在第一时间恢复病人的呼吸、心跳，挽救病人的生命，主要用于心脏性猝死等危重急症与触电、淹溺、急性中毒、创伤等意外事件造成的心跳、呼吸骤停。其具体方法是：

（1）检查现场是否安全。如确认安全，可当场进行急救；如不安全，须将病人转移到适当的地方进行急救。

（2）检查病人情况。在安全的场地，应首先检查病人是否丧失意识、自主呼吸、心跳。检查意识的方法：轻拍重呼，轻拍病人肩膀，大声呼喊。检查呼吸的方法：一听二看三感觉，将一只耳朵放在病人口鼻附近，听病人是否有呼吸声音，看病人胸廓有无起伏，感觉病人脸颊附近是否有空气流动。检查心跳的方法：检查病人颈动脉的搏动，用2～3个手指放在病人气管及颈部肌肉处轻轻按压，时间不少于10秒。

（3）保持呼吸顺畅。昏迷的病人常因舌后移而堵塞气道，因此，心肺复苏的首要步骤是畅通气道。急救者以一手置于病人额部使其头部后仰，另一手抬起病人后颈部或托起病人下颏，保持其呼吸道通畅。对怀疑有颈部损伤者只能托举下颏而不能使头部后仰；如怀疑有气道异物，双手应从病人背部环抱于患者上腹部，用力突击性挤压。

（4）实施口对口人工呼吸。

（5）建立有效的人工循环。

（6）实施心肺复苏。跪在病人躯干的一侧，两腿稍微分开，重心前移，之后选择胸外心脏按压部位：先以左手的中指、食指定出肋骨下缘，然后将右手掌掌跟放在胸骨下1/2，再将左手放在右手上，十指交错，握紧右手。利用上身重量垂直下压，对中等体重的成人下压深度应大于5厘米，而后迅速放松，解除压力，让胸廓自行复位。如此有节奏地反复进行，按压与放松时间大致相等，频率应不低于每分钟100次。

一人心肺复苏方法：若只有一个急救者给病人进行心肺复苏术，每做30次心脏按压，交替进行2次人工呼吸。

二人心肺复苏方法：若有两个急救者给病人进行心肺复苏术，首先两个人应呈对称位置，以便于互相交换。一个人做胸外心脏按压，另一个人做人工呼吸。两人可以数着1、2、3进行配合，每按压心脏30次，口对口或口对鼻人工呼吸2次。

此外在进行心肺复苏前，应先将病人恢复仰卧姿势，恢复时应注意保护病人的脊柱。先将病人的两腿按仰卧姿势放好，再用一只手托住病人颈部，另一只手翻动病人的躯干。

（三）骨折

骨折时，在受伤的地方会出现不自然的变形或骨头突出情况，此时不能随意移动。应首先打电话请求急救，只有在医疗救助者没有及时赶到或不得不转运时，才考虑做夹板固定与其他处理。方法如下：

首先对伤口与出血进行止血包扎处理。

利用现场找到的垫子、皮带、毯子、棍子等物固定伤部，但注意不要让骨折部位受力。

用夹板固定受伤部位，防止错位，夹板与患处之间应隔有毛巾或布带，且固定夹板时不要过紧。

可用粗树枝、杂志、雨伞、打气筒等做夹板。疼痛或肿胀比较严重时，可用冷毛巾或冰袋冷敷。

将夹板固定后，应小心、尽快护送伤员去医院就诊。

（四）止血

人体一旦失血过多，血压会迅速下降，从而影响脑部与其他重要器官的血液供应而危及生命。因此，快速止住严重出血极为重要。具体做法如下：

迅速用一块纱布垫（或干净的布、毛巾、手绢等）盖住整个伤口，并用手直接用力按压住伤口5～10分钟，直到止血为止。若仍无法止血，在原位上加另一块纱布垫，然后继续按压住伤口。必须注意的是，切记不要取出第一块纱布垫，否则会引起再次出血。

若有绷带，可将绷带或毛巾、衣服、被单等绑在纱布上，对伤口进行包扎。注意不要绑得太紧，只要能够止住血即可。

若受伤部位的肢体（高于心脏的位置）太高，可借助重力的作用减少血液流向伤处，也会取得较好的止血效果。

若伤势严重，应当在进行现场急救的同时，拨打120急救电话。

（五）应急常识

1.匪警、交通事故警——110

遇到交通、生产等事故与自然灾害，涉及水、电、气、热等公共设施出现险情，威胁公共安全、人身或财产安全；老人、孩子以及智障人员、精神病患者走失；发现刑事、治安案件线索与其他事故苗头；遇到自身不能解决，需公安机关帮助的急、难、险、重等事宜时，均可随时拨打110。110是特殊服务号码，使用时不收话费，拨打时不用加区号。手机、市话与可拨通外线的分机电话均能拨打。

电话接通后应主动提供自己的姓名、联系电话或住址，简明、如实地讲清报警求助事项、时间、地点、人员、现场情况、附近明显标识与民警须了解的其他相关情况。无特殊情况，报警后应在报警地等候，时刻保持电话通畅。

2.医疗急救120

遇到有人突发疾病或遭遇意外伤害，可拨打120急救电话，呼叫救护车与医护人员。

所有的公用电话都可以免费拨打“120”医疗急救电话，包括有人值守的公用电话、磁卡电话、IC卡电话，其中磁卡电话、IC电话无须插卡。

拨打120电话应注意以下几点：

电话接通后，应镇定、清楚地应答“我们需要救护车”；然后将地址正确地告诉对方，如现场附近有明显标识，也应告诉对方；告诉对方事故或伤情状况，包括何时、何地、何人、何事、何结果等；可能的话，将病人或伤者人数告诉对方；留下自己的姓名与电话号码；全部通报完毕后，到明显的地方迎接救护车，并为其指路。

3.火警119

火灾一般是由于人们疏忽大意或不小心处理火种造成的，突遇火灾时，如无力灭火，应当不顾及财产，迅速逃生。同时，立即拨打119火警电话报警。报警时要讲清起火的详细地址、起火部位、着火性质、火势大小、报警人姓名与电话号码，并在路口迎候消防车，时刻保持报警电话通畅。

火灾的预防：

不玩火、不玩电气设备。

不乱接、乱拉电线，电路熔断后，切勿用铜、铁丝代替。

炉灶附近不要放置可燃、易燃物品，炉灰完全熄灭后再倾倒，草垛要远离房屋。

离家或睡觉前检查用电器具是否断电，燃气阀门是否关闭，明火是否熄灭等。

若发现燃气泄漏，应迅速关闭气阀，开门窗通风，切勿触动电器开关与使用明火，同时迅速通知专业维修部门来处理。

切勿在走廊、楼梯口等处堆放杂物，保证通道与安全出口的畅通。

利用电器或灶膛取暖、烘烤衣物时，要注意安全。

家中不要存放超过0.5升的汽油、酒精、香蕉水等易燃、易爆物品。

4.火场中的自救

熟悉环境。无论是熟悉或者陌生的环境，均应养成对其结构有所了解的习惯。首先查看门、天窗、阳台等的位置，其次留心看一看太平门、避难间、安全出口的位置，以及报警器、灭火器的位置，有可能充作逃生器材的物品，比如床单、毛巾、被罩、窗帘等，有备无患。

立即采取防烟措施。当感到烟、火刺激时，无论附近有无烟雾，均应立即采取防烟措施，用干、湿毛巾捂住口鼻。因烟气会向上升，所以，在浓烟中贴近地面爬行逃生，是减少吸入浓烟的有效办法。

疏散。生命是最重要的，要争取逃生时间，不可贪恋财物；尽快向安全出口方向逃生，要徒步走向地下疏散，一定不可乘坐电梯；若被困室内，感受到门窗发烫，则要改走其他逃生路线，或用湿毛巾堵住门缝等待救援，切勿轻率开门以免烟火扑来；当无法辨别方向时，应先向远离烟火的方向疏散，再向地下疏散且应以水平疏散为主，尽量不要向楼上撤离。

避难。若逃生通道已被烟火阻断无法逃生，应找一间烟雾不大，有水源且又利于同外界联系的房间，关闭门窗，堵死靠近燃烧一侧的门窗，向地面洒水降温，并尽快淋湿房间中的一切可燃物。同时想方设法与外界取得联系。在白天可在窗户上放置明显标志，在夜晚要打开灯、手电筒等向外界发出救援信号。

等待救援。一般情况下，火灾发生不久，救援人员就会赶到，因此，应坚持到底，不要轻易放弃生命。

5.地震

地震是地壳快速释放能量过程中造成的振动，常造成严重人员伤亡，引起火灾、水灾、有毒气体泄漏、细菌与放射性物质扩散，还可能造成滑坡、崩塌、地裂缝、海啸等次生灾害。

地震发生时应注意以下几点：

在住宅（楼房与平房）内，要远离外墙和门窗，可选择厨房、浴室等空间小、不易塌落的地方躲藏。躲藏的具体位置可选择桌子或床下，也可选择在坚固的家具旁或紧挨墙根的地方。千万不要跳楼逃生！

在教室，学生应当用书包护住头躲在课桌旁，地震过后，听从老师指挥有秩序地撤出教室。

在商场、展厅、地铁等公共场所，可躲在坚固的立柱或墙角下，避开玻璃橱窗、广告灯箱、高大货架、大型吊灯等危险物。地震过后，听从工作人员指挥有序撤离。

在开阔地，应尽量避开拥挤的人流，一家人最好集中在一起，照顾好老人与儿童，避免走失。

值得特别提醒的是，地震时，许多习以为常的东西都可能成为致命“杀手”，必须高度提防。比如尽快远离高层建筑、烟囱、高大古树等，尤其要避开有玻璃幕墙的建筑物；躲开变压器、电线杆、路灯、高压线、广告牌等高处的危险物；不要使用电梯。

地震后应做到如下几点：

地震停止后，在安全的情况下，检查火源，如有可能要立即扑灭火种。

保持镇定，若自己没有受伤，应按自己的能力大小帮助受伤或被困的人。

不要燃点火种，以免因煤气泄漏引发爆炸，也不要开启或触摸电灯与带电装置，慎防漏电。

穿上结实的鞋子，以免受到破碎玻璃与其他尖的碎片伤害。

将危险的、散落的物品（比如化学品、汽油等）清除干净，并告知他人。

注意收听、收看有关地震灾害的信息，同时对余震应有所防备。

进出或在被破坏的建筑物内活动时，应特别谨慎，因为被破坏的建筑物随时有倒塌的可能，且可能有来自煤气泄漏、电线或碎玻璃的危害。

6.溺水的应急处理

我国每年都会发生游泳者溺水的事故，中小学生一定要跟随家人或老师去正规游泳场所游泳，切不可自行或结伴去野外的湖泊河流游野泳，掌握一些现场急救的基本操作对于挽救溺水者的生命至关重要。

（1）将溺水者救出水面后，应立即清除其口腔内、鼻腔内的淤泥与杂物，迅速进行吐水急救，同时请其他人帮忙拨打120急救电话。抢救者右腿膝部跪在地上，左腿膝部屈曲，将溺水者腹部横放在救护者左膝上，使溺水者头部下垂，抢救者按压溺水者背部，让溺水者充分吐出口腔内、呼吸道内以及胃内的水。

（2）如果溺水者呼吸停止，在迅速疏通其呼吸道后，使其仰卧，头部后仰，立即进行口对口人工呼吸。

（3）如果溺水者心跳停止，应立即让溺水者仰卧，用拳头叩击其心前区1～2次，用力要适当；然后进行心外按压，经现场急救恢复心跳后，迅速将溺水者送往附近的医院。

参考文献

[1]庞保珍.放松心情之道［M］.北京：中医古籍出版社，2012.

[2]庞保珍.生活起居中的健康科学——远离癌症、糖尿病、心脑血管疾病［M］.北京：人民卫生出版社，2015.

[3]庞保珍，庞清洋.健康之路——《国家基本公共卫生服务规范》健康教育解读［M］.郑州：河南科学技术出版社，2017.

[4]张卫东，陶红亮.中小学生健康手册·科学用脑及脑保健［M］.北京：人民卫生出版社，2012.

[5]张卫东，陶红亮.中小学生健康手册·青春期卫生保健［M］.北京：人民卫生出版社，2012.

[6]张卫东，陶红亮.中小学生健康手册·考生营养与健康［M］.北京：人民卫生出版社，2012.

[7]张卫东，陶红亮.中小学生健康手册·生长发育常识［M］.北京：人民卫生出版社，2012.

[8]张卫东，陶红亮.中小学生健康手册·青春期性健康教育［M］.北京：人民卫生出版社，2012.

[9]安徽省卫生厅.小学生健康素养读本［M］.合肥：安徽科学技术出版社，2012.

[10]安徽省卫生厅.中学生健康素养读本［M］.合肥：安徽科学技术出版社，2012.

[11]孙曙青.家庭应急救护小手册［M］.2版.杭州：浙江大学出

版社，2005.
[12]翁维健.中医饮食营养学［M］.上海：上海科学技术出版社，1992.
[13]谭兴贵.中医药膳学［M］.北京：中国中医药出版社，2003.
[14]王洪图.黄帝内经素问白话解［M］.北京：人民卫生出版社，2004.
[15]王洪图.黄帝内经灵枢白话解［M］.北京：人民卫生出版社，2004.
[16]黄承钰.医学营养学［M］.北京：人民卫生出版社，2004.
[17]黄吉武.预防医学［M］.北京：人民卫生出版社，2004.
[18]孙贵范.预防医学［M］.北京：人民卫生出版社，2005.
[19]田代华，刘更生整理.灵枢经［M］.北京：人民卫生出版社，2005.
[20]田代华整理.黄帝内经素问［M］.北京：人民卫生出版社，2005.
[21]葛可佑.中国营养师培训教材［M］.北京：人民卫生出版社，2005.
[22]杨月欣.中国食物成分表2004［M］.北京：北京大学医学出版社，2005.
[23]翟双庆，王长宇.王洪图内经临证发挥［M］.北京：人民卫生出版社，2006.
[24]中华人民共和国卫生部编.中国公民健康素养——基本知识与技能释义［M］.北京：人民卫生出版社，2008.
[25]中华人民共和国卫生部编.健康66条——中国公民健康素养读本［M］.北京：人民卫生出版社，2008.
[26]山东中医学院，河北医学院.黄帝内经素问校释：上［M］.2

版.北京：人民卫生出版社，2009.
[27]山东中医学院，河北医学院.黄帝内经素问校释：下［M］.2版.北京：人民卫生出版社，2009.
[28]河北医学院.灵枢经校释［M］.2版.北京：人民卫生出版社，2009.
[29]谭兴贵.中医药膳与食疗［M］.北京：中国中医药出版社，2009.
[30]陈可冀，李春生.中国宫廷医学［M］.北京：中国青年出版社，2009.
[31]张印生，韩学杰.孙思邈医学全书［M］.北京：中国中医药出版社，2009.
[32]郭姣.中医营养治疗学［M］.北京：人民卫生出版社，2009.
[33]邱仕君.邓铁涛医案与研究［M］.北京：人民卫生出版社，2009.
[34]王庆其.内经临床医学［M］.北京：人民卫生出版社，2010.
[35]烟建华.《内经》学术研究基础［M］.北京：中国中医药出版社，2010.
[36]中国营养学会.中国居民膳食指南［M］.拉萨：西藏人民出版社，2010.
[37]赵霖.平衡膳食健康忠告［M］.3版.北京：人民卫生出版社，2011.
[38]卫生部疾病预防控制局，中国疾病预防控制中心.健康生活方式核心信息.第一册［M］.北京：人民卫生出版社，2011.
[39]卫生部疾病预防控制局，中国疾病预防控制中心.健康生活方式核心信息.第二册［M］.北京：人民卫生出版社，2011.
[40]李舜伟.你可以睡得更好［M］.3版.北京：人民卫生出版社，

2011.
[41]葛可佑.中国居民膳食指南：精编版［M］.北京：人民出版社，2011.
[42]郭冀珍.控制高血压，享受美好人生［M］.3版.北京：人民卫生出版社，2011.
[43]秦怀金.国家基本公共卫生服务项目100问［M］.北京：人民卫生出版社，2012.
[44]马骁.健康教育学［M］.2版.北京：人民卫生出版社，2012.
[45]仝小林.仝小林谈糖尿病中医调治［M］.北京：人民军医出版社，2013.
[46]胡大一.胡大一教你高血脂就该这样吃［M］.北京：中国轻工业出版社，2013.
[47]向红丁.向红丁教你糖尿病就该这样吃［M］.北京：中国轻工业出版社，2013.
[48]李兰娟，任红.传染病学［M］.8版.北京：人民卫生出版社，2013.
[49]谭兴贵，谭楣，邓沂.中国食物药用大典［M］.西安：西安交通大学出版社，2013.